ちくま文庫

なつかしい本の話

江藤淳

筑摩書房

なつかしい本の話＊目次

なつかしい本の話

この書を、学びの道のよろこび教へたまひし
よき師　厨川文夫先生の霊《みたま》に捧ぐ

大木雄三編　『アーサー王騎士物語』

本というものは、ただ活字を印刷した紙を綴じて製本してあればよい、というものではない。

つまり、それは、活字だけでできあがっているものではない。沈黙が、しばしば饒舌よりも雄弁であるように、ページを開く前の書物が、すでに湧き上る泉のような言葉をあふれさせていることがある。その意味で、本は、むしろ佇んでいるひとりの人間に似ているのである。

かつて私の心に忘れがたい痕跡をのこし、そのままどこかに行ってしまった本のことを考えていると、表紙のよごれや、なにを意味しているのかよくわからなかった扉の唐草模様、それに手にとったときの感触や重味などが、その本の内容と同じくらいの深い意味を含んで甦って来る。

あるいは、テクストというものも、ときには本が意味しているものの、ほんの一部にすぎないのかも知れない。本からテクストを切り離して研究の対象にするという作業が、どこか血の気の失せた仕事になってしまいがちな理由も、ひょっとするとその辺にあるのかも知れない。

そのことを、私は、ここしばらく夏目漱石の『薤露行』について考えているうちに、痛感した。この『薤露行』という難解な作品の意味は、『漱石全集』でテクストだけを読んだのでは、おそらく本当はよくわからないのかも知れないのである。

漱石のテクストは、明治三十九年（一九〇六）五月に、大倉書店・服部書店から初版の出た短篇集、『漾虚集』のなかに置いてみなければ、ほとんどその半ばしか意味を明らかにしない。この短篇集には、橋口五葉と中村不折の描いた飾りぶち《ボーダー》やヴィネット、それに挿絵が含まれており、漱石のテクストは、このような視覚芸術的な要素との照応のなかで読みとかれたとき、はじめてその隠された意味を顕わすように思われるからである。

そうすることによって、テクストははじめて活字の枠を超え、東西文明のへだたりを超える。そして、たとえば橋口五葉のイラストレーションに直接反映しているビアズレイやウィリアム・モリス、さらにはモリスの生涯の僚友バーン゠ジョーンズらの、英国世紀末芸術の世界にひろがって行く。

そして、さらにそれは、D・G・ロゼッティやホルマン・ハント、あるいはジョン・エヴァレット・ミレーというような、ラファエル前派の画家たちの世界にまで、秘かなメッセージを呼応させる。要するに、このようにとらえなければ、『漾虚集』も『薤露行』も、漱石その人の内部にみたされていたはずの沈黙の言葉を包摂した作品とは、なり得ないように思われる。

いずれにしても、本とは活字だという考え方は、本とは思想だという考え方とどこかで通じ合うものであるが、私はこういう考え方にまつわりついている一種貧寒なものに、あまり親しみを感じることができない。本とは、むしろ存在である。活字になった言葉と、語られていないそれより重い言葉との相乗積である。そして、また、そのように感じられる本だけが、私にとってはなつかしいのである。

そういうなつかしい本のことを、これからしばらくのあいだ思い出してみようと思う。その多くは、現在私の手許にはない本――どこかに行ってしまって、永久に帰って来ない本である。というのは、それらが戦災で焼けてしまうか、戦後のあわただしい世相のなかで、いつの間にかどこかに行ってしまった本ばかりだからである。

本当に、あのころは、もし本というものがなければ、私は生存をつづけていられなかったにちがいない。小学校にあがって間もなく、私は、学校に通うよりも家で寝ていることのほうが多いような健康状態になった。そして、そのように病臥していると き、私はいつも枕元に堆く本を積み上げていなければ不安でならなかった。

学校に行けないことは、少しも苦痛ではなかった。私は、学校というところが嫌いだったからである。友達と遊べないことも、我慢のできないことではなかった。いつの間にか友達も、学校の象徴している社会というもののなかに組み込まれてしまっていて、生徒の眼で病弱な私を憐み、さげすんでいる。学校は、すでに学齢に達したとき、見えないナイフで遊び友達と私とのあいだにあった濃密な時間を断ち切ってしまっていたのである。

しかし、肺門淋巴腺を病んでいることから来る微熱と、気だるさと、神経のすみずみをいつも鈍く圧迫している不快感とは、耐えがたかった。換言すれば、それが満六、七歳のころの私が味わっていた、現実というものの感覚であった。

この感覚のなかには、母がすでにこの世にいないところからもたらされる喪失感も、含まれていたかも知れない。しかし、その喪失感については、私はあたかもそれが存在しないように思おうとする、ほとんど意識にのぼらないほどの自己欺瞞を身につけてしまっていた。私の肺門淋巴腺炎は、満四歳半のときに肺結核で世を去った母から、知らぬ間に感染していたものであるが、小学校にあがる少し前に、父は再婚していた。私は、おそらく父には協力しなければならないと感じていたにちがいない。

　奥座敷の病床から、庭を見ていると、五月の明るい陽光を受けてつつじの花が美しく咲き誇っている。祖母と新しい母と女中とが、なにごとかを語り合っている声が、遠く聞える。それらこそが、まぎれもない現実であるのに、私には庭の景色も人声も、自分に属しているもののようには感じられない。だが、枕元の本に手をのばして、その少しかび臭い匂いを嗅ぎ、子供の手には重すぎる本の手ざわりを確めると、私はたちまち全身をひたしている不快感を忘れた。

　私は、そのころ、『のらくろ』や『冒険ダン吉』や南洋一郎や山中峯太郎や平田晋策を卒業しかけて、ルビをたよりに大人の本を読みはじめていた。大人の本というのは、気分のよいときに納戸の書棚から二、三冊ずつ抜いて来た新潮社の「世界文学全集」や、春陽堂の「明治大正文学全集」である。別に深い仔細があるわけではなく、毎日病臥しているうちに子供の本は読みつくしてしまって、なんでもいいからまだ読んでいない本が身近になければ、満足できないようになっていたのである。

　だが、私がここにまず記しておきたいと思う本は、そういう大人の本ではない。たしか小学校二年生のころ、病状がやや軽快したために、比較的つづけて学校に通っていたある秋の一日に、自由ヶ丘の伯父の家で見つけた『アーサー王騎士物語』という本である。

それは、今では銀行の支店長や大学教授になっている従兄たちのうちの、誰かの本であった。私は、祖母に連れられて週末この家に泊りに行っていたのだったが、数日後には生れてはじめて運動会というものに出なければならないことになっていた。ああ、学校などなければいい。運動会の当日大雨が降って、中止になってくれればいい。誰にもうまく説明のできないこの憂鬱さをかかえて、従兄たちの勉強部屋を物色しているうちに、私はこのうす汚れた本を見つけたのであった。

読みはじめてみると、そこには、いままで想像したこともない不思議な世界がひろがっていた。まず、そこには騎士というものがいた。騎士がどんなものであるかについては、私は「世界文学全集」にはいっていたウォルター・スコットの『アイヴァンホー』のジャケットの絵で、一応の知識を持っていたけれども、この本に出て来る騎士は、それともまた微妙にちがっているように感じられた。

そこにはまた、マーリンという魔法使いがいた。この魔法使いは、童話に出て来るどんな魔法使いよりも重々しい実在感を持っていた。私は、このとき、まだ湖というものを見たことがなかったけれども、湖の精に養い育てられたという湖水の騎士サー・ランスロットの名前には、なぜか胸をときめかされた。

キリストの血を受け、アリマテアのヨゼフの手によって英国に運ばれたという聖杯の不思議さは、クリスチャンである新しい母の歌う讃美歌とはまったくちがうキリスト教の世界があることを、私におぼろげに示していた。それは、たしかに異国的な世界にちがいなかったが、異国的であることにおいて私を魅了したのではない。今から思えば、そこに他界の感覚ともいうべきものが充満していることにおいて、私の心に呪縛をかけたのである。

従兄にこの本を貸してほしいと頼むと、どういう理由でか峻拒された。その後、従兄の家に行く機会があるごとに、それとなく探してみても、『アーサー王騎士物語』はあたかも幻を見せて消えてしまった聖杯のように、二度とふたたび私の前に姿をあらわさず、そのうちに私はその実在をすら疑うようになりはじめた。

三十五年ぶりで、それが大木雄三編で昭和二年（一九二七）に金の星社から刊行された『アーサー王騎士物語』であることを確めることができたのは、『薤露行』について調べていた昨年のことである。しかし、私は、国会図書館に行けば手にとって見ることができるはずのこの本を、わざとそうせずに今日にいたっている。

ひとつには、私は従兄の持っていたあの本に触れたいという欲求をいまだに捨て切れずにいるからであり、もうひとつには『薤露行』という作品がこれほど気になりだした遠因が、三十五年前に味わった他界の感覚にあるらしいことを確められただけで、もう充分満足であるようにも感じているからである。

デュマ『モンテ・クリスト伯』

それにしても、あの納戸は、私にとってなんと大切な場所だったろう。

その納戸は、私の病室にあてられていた奥座敷と背中合せになり、重い扉でへだてられていて、あらゆる過去の匂いによって充たされていた。そこには、祖父の大礼服や勲章を収めてある古びた箪笥があり、小抽出しを開けると、珍しい外国の風景を描いた絵葉書などが、ぎっしりとつまっていたりもした。

そして、なによりもそこには、父や叔父たちが学生時代に集めていたと覚しい円本の全集ものが、何種類も無雑作にしまわれていた。

微熱のために火照った身体には、納戸のなかのひんやりした空気が、いつも快く感じられた。戸外で遊ぶ友達の声が、天窓から洩れて来る陽の光にまじって、聴えて来ることもあった。しかし、私は、すでにその声に心を動かされはしなかった。私の眼の前には、どんな健康な友達もまだ知らずにいる新しい世界があった。それは、本がくりひろげてくれる世界であった。

ある日、私は、奥座敷の本箱に並べてある子供の本を全部とりのけて、そのかわりに納戸から運んで来た新潮社の「世界文学全集」を並べることにした。

これは、実はかなり決断のいる模様替えであった。やはり、それまで親しんで来た『見えない飛行機』や『昭和遊撃隊』や『敵中横断三百里』に別れを告げることは、名残り惜しいことだったからである。

だが、私は、それ以上に、大人の本があたえてくれるものの豊富さに昂奮していた。これなら何ヶ月、いや何年学校を休んでいても、退屈せずにいられる。そう思うと、私の心は、広大な新領土にはじめて足を踏み入れた探険家のそれのように浮き立った。自分の家に、これほどたくさんの未知の文学書があったということは、思いもよらない発見だったのである。

ところで、私の心を、子供の本から大人の本にふり向けるきっかけをつくってくれたのは、大デュマの『モンテ・クリスト伯』である。これは、第一巻が山内義雄訳、第二巻が大宅壮一訳で、「世界文学全集」の十五巻目と十六巻目にはいっていた。

とはいっても、幼い私が、翻訳者の名前に関心を持ったというわけではない。翻訳者どころか、私はアレクサンドル・デュマという作者の名前さえ知らなかった。また、私の周囲には、幸い余計な知識をあたえてくれる者は、一人もいなかった。私は、ただ『モンテ・クリスト伯』という題名に惹かれて、この本を手にとったのだったからである。

父は、肺門淋巴腺を病んで学校を休んでいる私が、いつの間にか本箱を入れ替えて円本の全集を読みはじめているのを、当然喜んではいなかった。

勤めさきの銀行から帰宅すると、父はいつも決って私の病室にやって来て、

「今日はどうだ？」とたずねた。

いったい何度、私はこの父の「今日はどうだ？」を聴いただろう？　そうたずねるときの父は、ときおり少し眉をひそめて、枕元に積んである大人の本を見ていることがあったが、別段読むことを禁止しはしなかった。

機嫌がよくて、なにか私のための小さな土産を持って帰って来たときには、

「本ばかり読んでいると、熱が下らないぞ」

といった。そして、庭に出て、それが戦争が激しくなるまでの趣味だった薔薇の世話をしていた。

あるいは、父は、私を全快させて学校に行かせることよりも、むしろ私を死なせないことを考えていたのだったかも知れない。土曜日の午後など、早く戻って来た父が、

薔薇をいじっているのを見ていると、私は、なぜか父が亡くなった母と内密な会話を交しているような錯覚にとらわれることがあった。

薔薇の名前は、どれもエキゾティックなものばかりだったが、なかでも私は、「オランダの星」という名前の薔薇が好きだった。この薔薇は、紅を含んだオレンジ色の可愛らしい花を咲かせた。父が截って来て、枕元のコップに挿してくれたその花も好きだったけれども、私はなによりも「オランダの星——l'Etoile de la Hollande——」という名前が好きだった。

名前といえば、本についても、私はさきほどもいったように、まず『モンテ・クリスト伯』という題名に、ひどく想像力をかき立てられるものを感じていたのである。「世界文学全集」のなかでも、この『モンテ・クリスト伯』という題名は、際立ってすぐれたものではなかったろうか？　何十冊もあるこの全集所収の小説のなかには、これほど私の心を惹きつけた題名はほかになかったからである。

いったいなにが書いてあるのだろう、という好奇心にかり立てられて、私は、ルビを頼りに『モンテ・クリスト伯』を読み進んでいった。たしかに、それは、子供の本の世界とはかなり様子のちがう世界であった。そして、それは、いまから考えると、外国語を習得して間もなく本を読むときの体験に幾分似てもいた。それもそのはずで、私はそのときはじめて翻訳体というものに接していたのである。

私は、まず、帆船のマストが林のように立ち並び、殷賑をきわめたマルセイユの港の有様を想い浮べた。この港は、たしか祖父の遺品を入れた古簞笥の小抽出しにつまっている絵葉書にある港であった。この港に、いましも十九歳になる若い船乗りエドモン・ダンテスのきびきびと指揮する、三本マストのファラオン丸が入港して来る。

ダンテスが船乗りだということは、私の気に入った。現実の世界では、学校にろくろく通うこともできない私は、空想のなかでは大人になったら祖父と同じように、海軍の軍人になろうと思っていたからである。

船中で病死したルクレール船長に代って、船長に昇進しようとしているダンテスは、疑いを知らず、自分が無数の嫉妬にとりまかれていることを知らない。しかも、彼には、メルセデスという美しい許婚がいる。その許婚との婚約の祝宴から、ダンテスはシャトオ・ディフの監獄に、無実の罪によって引き立てられて行くのである。

ときは王政復古の時代で、ナポレオンはエルバ島にあり、パリをのぞんで風雲を巻きおこそうとしている。私は、ナポレオンの名前を知っていた。そして、ダンテスの運命が、ナポレオンの盛衰とかかわりがあるということは、この主人公に対する親しみの気持を一層かき立てた。

メルセデスについていえば、メルセデスという名前は、私が記憶に刻みつけた最初の西洋の女性の名であった。そして、カタロニアという地名を、私はジョージ・オーウェルの『カタロニア讃歌』からではなく、メルセデスの生れ育ったマルセイユ近郊の、スペインからの植民者の村の名としてまず記憶した。

ふり返ってみると、私は、『モンテ・クリスト伯』からヨーロッパについての数知れぬほどの知識を教えられたような気がする。土地の名前、生きた人間の歴史、チェザーレ・ボルジアと法王庁の陰謀の話、料理の名前、オペラのアリアのさわり、そして地中海をとりまいている国々のあいだの、深いつながりとかかわりあい――それらは文学そのものではなかったが、大デュマの小説が、エドモン・ダンテスの復讐の物語を叙述する過程で、おのずから読者にあたえてくれる知識であった。

その知識は、のちに教科書で読んだ知識とはちがって、どれもなまなましく生きていた。つまり、それは、のちに私がヨーロッパを訪れて、現実に味わった感触そのものであった。

しかし、モンテ・クリスト伯爵の復讐そのものについては、私はさほどそれに深い印象を受けた記憶がない。無防備な善意の青年のささやかな幸福をとりまいている嫉妬と羨望、悪意の牙――その事実に遅まきながら気がついたときの憤怒と絶望、そして復讐の意志などについて、感慨をいだくためには、私はまだ幼なすぎた。それは、私が、自分の人生を歩む過程で、やがてひとつひとつ嚙みしめていかなければならない苦い味わいであった。

むしろ、私は、獄中でダンテスがファリア法師から受ける教育について、忘れがたい魅力を感じていた。「現代の言葉が五つ話せる」というファリア法師は、ほとんどナポレオン以上の英雄に見えた。この法師の薫陶を受けて、いくつもの言語と知識に加えて礼儀作法さえ身につけて行くダンテスは、その故にさらに魅力のある主人公に成長するように思われた。

その意味で、獄中におけるダンテスの自己啓発は、どこかロビンソン・クルーソオを思わせるともいえる。しかし、清教徒的なクルーソオとはちがって、ダンテスは首尾よく脱獄すると、巨万の富を得てモンテ・クリスト伯爵となり、次々と復讐をなしとげて、東方の美女エデとともに水平線の彼方に消えて行くのである。

モンテ・クリストの不抜の意志の力にも心を惹かれたが、私はこのエデという女性がメルセデス以上に好きだった。それは、あるいは彼女が、ヨーロッパのなかでの〝東洋〟を象徴している女性だったからかも知れない。

いずれにせよ、まだ幼い私は、ダンテスと同じように、病気という牢獄に不定期に収容されていて、いつ釈放されるのかわからない毎日を送っていた。そういう私が、モンテ・クリストの物語を貪り読んだのは、きわめて自然なことだったのかも知れない。

田山花袋『生』

あの頃の大久保百人町界隈には、軍人と学者の家が多かったような気がする。私の家は、三丁目の角屋敷で、山ノ手線の新大久保駅と中央線の大久保駅のちょうど中ほどの、戸山ヶ原寄りにあった。

大正のはじめに祖父が亡くなったあと、祖母は青山高樹町の屋敷を手放して、一時横浜の保土ヶ谷に移り住んでいた。それが、五人の子供の成長につれてまた東京に戻ることになったのは、父たちの学校の都合もあったにちがいない。大久保百人町の家は、こうして祖母が震災の何年か前に求めた家であった。

震災のとき、揺れはしたもののビクともしなかった、という話を、時折聞かされたことからもわかるように、それは質素ではあったが頑丈で、普請のしっかりした古い家であった。庭に躑躅《つつじ》が多かったのは、このあたりが江戸時代からの躑躅の名所だった名残りで、その成育に適した関東ローム層の赤土の多い地盤も、おそらく地震には耐え易くできていたにちがいなかった。

戸山ヶ原の練兵場では、よく陸軍の兵隊が演習をしていた。ときには、それが市ヶ谷台の士官学校の生徒の演習であることもあり、土埃りをあげて疎林のあいだを疾駆して行く騎兵の演習であることもあった。

あるとき、演習帰りの騎兵たちが、馬につかわせる水をもらいに立ち寄ったことがあった。よい水だという評判のある私の家の井戸端に、汗をぐっしょりかいた乗馬が牽き入れられ、冷い井戸水にひたした藁束で、騎兵が声をかけながら馬の汗を拭いてやっているのを、私は祖母の袂につかまって見ていた。

祖母は女中に命じて、騎兵たちに麦湯を振舞わせた。にわかにあたりに充満した兵隊の匂いと、軍馬の匂いと、汗の浸み込んだ革の匂いが、幼い私を昂奮させた。女中も頰を上気させて、冷い麦湯を入れたコップを、兵士たちに配っていた。彼らはみなたくましく、礼儀正しく、そして一様に少しはにかんでいた。

海軍の陸戦隊のような白い脚絆をつけ、錨にNとSのイニシアルをあしらった校章の制帽をいただいて、近隣を闊歩していたのは、海城中学校（現在の海城学園）の生徒たちであった。

彼らは、私の家では、ある親しみをこめて、

「海城学校の生徒さん」

と呼ばれていた。それもそのはずで、この学校はもともと海軍予備校と呼ばれ、私の曾祖父の創立した学校だったからである。

つまり、大震災の直後に、この学校が日比谷から戸山ヶ原に移転して来てからというものは、大久保百人町界隈は、私の一家にとって単に偶然に住みついた、という場所ではなくなっていた。

のちに気がついたことだが、同じ百人町三丁目には、柴田元学士院長や、大内兵衛氏などの邸宅もあったのである。しかし、なぜかそのことは少しも記憶に残っておらず、そのかわりに、大久保駅にほど近い戸山ヶ原寄りにあった、ドイツ大使館員村の記憶が鮮明に残っている。

それは、こんもりとした木立のなかにある幾棟かの西洋館で、金髪をなびかせ、大人のよりも大きな自転車に乗って、風のようにあらわれるカール君という、日本語の上手な少年の住居のある場所であった。……

もちろん、このような情景は跡かたもなく消え失せて、現在どこにも残ってはいない。海城学園は昔のままに存続しているが、白い脚絆を着けた凛々しい生徒たちは、みな遠い所へ行ってしまった。それが、今、突然次々と眼の前に甦って来たのは、どうやら久しぶりに、田山花袋の『生』を通読してみたためらしいのである。

私は、この花袋の『生』という小説を、岩波文庫で読んだ。たしかそれは、私が手にとってページを開いてみた最初の岩波文庫であった。

どこでかといえば、その場所はやはり『アーサー王騎士物語』の場合と同じように、自由ヶ丘の従兄たちの勉強部屋だったような気がする。そういえば岩波文庫という小さな本には、もともとなんとなく大学生の従兄というような雰囲気がただよっていた。

多分それは、国民学校五年生の夏休みであったにちがいない。戦争はすでにかなり激しくなっていたが、まだ空襲ははじまっておらず、私は祖母の伴をして、自由ヶ丘の伯父の家に二、三日のあいだ泊りに行っていたのであった。

そのとき、上の従兄と仲の従兄が、議論をするというほどではない調子で、話し合っていた。

「こんな単調な、筋のない話が小説なんだからな」

と、仲の従兄がいった。

「それは自然主義だからさ」

と、上の従兄が答えていた。

もとよりそのときの私は、〝自然主義〟も〝無理想無解決〟も、〝平面描写〟も〝ボヴァリイ夫人は私だ〟も、そんなものはなにひとつ知りはしなかった。しかし、〝筋のない小説〟というものは、私の好奇心をそそった。

「この本、読んでもいい？」

と、私は訊いた。

「ああ、いいけれども、淳《あつ》ちゃんが読んでも面白くないだろうよ」

親切な仲の従兄が、忠告してくれた。

そのときには、しかし、私はすでに少し手ずれた岩波文庫の『生』のページをめくりはじめていた。

『生』は、たしかに「面白い」という小説ではなかった。だが、同時に、それは少しも退屈ではなかった。筋らしい筋がないにしても、そこには、私が日常茶飯のうちに感じている、ある重い感触がとらえられていたからである。強いていえば、それは、その頃の人生の感触、とでもいうべきものであった。

その頃——第二次大戦が破局を迎える前までの、東京の山ノ手の家々には、おしなべてどこかしんと淋しく、どこか重苦し気な空気が充満していたような気がする。

この〝山ノ手〟は、旧市内かそれに隣接する区域で、自由ヶ丘や田園調布というような、震災以後に発展した郊外の住宅地のことではない。花袋が『生』に描いているのは、明治二十年代末から明治三十年代にかけての牛込喜久井町であり、私の記憶に残っているのは昭和十年代の大久保百人町で、その間には四十年になんなんとする歳月のへだたりがあるが、それにもかかわらず、私は花袋の小説に、どこか通い合うもののある生活の雰囲気を感じとっていたのである。

社会学者や文学史家なら、それを家族制度の雰囲気というかも知れない。しかし、実はそれはもっと微妙なもの——いわば、旧士族の末亡人が、その周辺にかもし出していた重苦しく淋し気な雰囲気、とでもいうべきものだったように思われてならない。『生』は結局、そういう旧士族の未亡人を取り巻く人々の物語である。ここに描かれた吉田家の人々にとっては、早くから夫に死別し、「難かしい舅姑《しうと》の世話、多い子供等の教育、忍耐に忍耐した不満の情」の結果、「一種嶮《けは》しい荒涼たる性格を形づく」るにいたった母親の存在の重味は、抗しがたい力でいつもなまなましく感じられている。

こういう母親の圧力は、決って長男とその嫁にもっとも破壊的な作用を及ぼす。下級官吏である吉田家の長男鐐《りょう》は、最初の妻を子癇で亡くし、二度目の妻を母親の干渉で離別させられ、余儀なく三度目の妻を迎えた。彼には最初の妻の遺した一人息子があるが、この息子は祖母になついていて、新しい母には親しもうとしない。

次男の銑之助は、生活の基礎の固まらぬ新進作家で、兄が三度目の妻を迎える少し前に世帯を持ったばかりである。この若夫婦に対しては、母親は兄夫婦に対するほどの激しい怒りや焦立ちを示さずにいる。

そして、三男の秀雄——「背の高い活潑な士官候補生」として登場し、市ヶ谷台の士官学校を優等の成績で卒業して、弘前の連隊に赴任して行く若い陸軍少尉こそは、この母親の唯一の希望である。

《……快活なる軍隊生活、勇しい練兵と術科、家庭の小さい紛紜《ごたごた》などは何うでも好いと謂つた風な物語は、単に母親の荒涼たる心を暖めるばかりではなかつた。淋しい暗い家庭に、一週一度の此光明を誰も皆な待つた》

おそらく、『生』のこのような構造のなかに、私は自分の日常に通じるなにものかを感得していたにちがいない。

いうまでもなく、私の祖母は、『生』の母親にくらべればはるかに恵まれていたし、小説に描かれている時代と当時とのあいだには四十年の時間が介在していた。だが、それにもかかわらず、私が無意識のうちに肌身に感じていた人生の淋しさと重苦しさは、やはり花袋がここに克明に描き出しているものの味わいに、よく似ていたのである。

私は、〝自然主義〟というような概念の色眼鏡を通さずに、少年の日にこの『生』の世界に触れ得たことを感謝している。そうでなければ、東京が漸くスプロールを開始しようとしていた頃の牛込界隈の情景を、花袋がこれほど正確に記録してくれていることなどは、容易に看過してしまっただろうからである。

そして、また私は、戸山ヶ原で演習をしていた士官学校生徒のだれかれの背後に、『生』の秀雄の姿を想像してみたときのことを、今ことさらになつかしく思い出している。

『谷崎潤一郎集』

I

きっと誰にでもそういう思い出があるのだろうけれども、私にも、いま思い出しても恥しさと自責とで身内が熱くなるような思い出がある。

あれは、たしか母が亡くなったあと、しかしまだ私が小学校には上っていないころのことだったにちがいない。私は、ある晴れた秋の日に、すみという女中に手を引かれて大久保通りを歩いていた。

多分、それは、すみがなにかのお使いに遣られたのに、私がついて行ったのだったろうと思われる。私ははしゃいで、すみが気にするのを無視して、つながれている手をふり切っては馳け出してみたり、店のウインドウを覗き込んだりしてみせた。

「お坊っちゃま、危いですわよ」

と、すみが駒下駄を鳴らして、小走りに追いかけて来ると、なおさら手を引かれて歩きたくなくなって来る。私はもう大きい子供なのだし、もうすぐ小学生になるのだ。すみと手をつないで歩くなんて、まるで小さな子供のすることじゃないか。

それでも私は、ときどき立ち止って、小走りについて来るすみに、振り向いて見せはした。するとすみは、ほっとしたように、にっこり笑顔を見せた。だが、そうして安心させておいて、私はまたさっさと馳け出して行ってしまうのである。

すみの郷里がどこだったのか、私ははっきり記憶していない。あのころ私の家に来ていた女中には、千葉県の女が多かったから、あるいはすみもまた千葉近在の農家の娘だったのかも知れない。

年のころは二十歳前後で、色が浅黒く、格別器量よしというのではないが、なかなかの利発者なので、祖母に気に入られていた。私も、いつも小ざっぱりしていて律義なすみやが、嫌いではなかった。

こういう娘たちは、郷里で縁談がまとまると、祖母が心がけてやった反物などを大事そうにかかえて、いそいそと宿下りして行くのが常だった。それから一、二年経つと、なかには赤ん坊を抱いて、祖母に御機嫌伺いに来る者もいた。

そういう元の女中が帰ると、祖母はいつも和らいだ表情を見せながら、

「折角言葉づかいやお行儀を教えても、郷里《くに》に戻るとすぐまた元に戻ってしまうんだからねえ」

といった。そして、彼女が手土産に持って来た野菜や鶏卵を、

「地《じ》のものは、本当に新鮮でおいしそうだこと」

と、満足そうに眺めていた。

それが、昭和十二、三年ごろのことだったとすれば、当然大久保通りの交通量はさほど多くはなく、車道を横断するのに危険を感じるようなことも、ほとんどなかったはずである。その日もまた、そういう往来の少い日であった。

そうして、すみと追いかけっこをしながら歩道を行くうちに、私はあることを思いついた。車道を横切って、向う側の歩道に行ってしまったら、すみはきっととまどうにちがいない。そうだ、そうしてすみやのびっくりする顔を見てやろう。

それまで、私は、ひとりで車道を渡ったことがなかった。しかし、その日の私は、すみとの追いかけっこにすっかり昂奮していたので、車道の危険のことなどは忘れていた。見渡したところ、大八車やリヤカーを牽いた自転車が通っているぐらいのものので、バスも自動車も来る様子がない。私は、あとから来るすみを振り返りもせずに、浮き浮きと車道に飛び出していった。

その一瞬後、

「お坊っちゃまが、お坊っちゃまが危いッ！」という、すみの絶叫が聴えた。

それと同時に、私は自動車の警笛と、ブレーキのけたたましくきしむ音を聴いた。次の瞬間には、私の小さな身体は横っ飛びに走って来たすみに突き飛ばされてころび、彼女の腕のなかにしっかりと抱き締められていた。

すみの肩ごしに見ると、すぐ眼の前に黒のT型フォードが急停車しており、制帽をかぶった若い運転手が、言葉もなく血の気の失せた顔を運転席から突き出している。気がつかずにいる間に、自動車は大久保駅のガード下の日陰から、こちらに向って疾駆して来ていたのである。ほんの一瞬、すみが飛び出して来てくれるのが遅れていたら、私の生命は危なかった。

すみは、しばらく羽交い締めに私を抱きしめていた。銘仙の着物ごしに、彼女の胸乳が激しく鼓動を打っているのが感じられた。すみの暖い体臭にまじって、女中部屋の姫鏡台の前に置いてあるクラブ美顔クリームの匂いが、泣きじゃくっている私の鼻腔に甘酸っぱく漂った。

起き上ったすみは、足袋はだしで、乱れた裾前からは紅いものが覗き、駒下駄の片方は鼻緒も切れて、あられもない姿になっていた。彼女はあわてて身づくろいをすると、運転手にわびをいい、私の手をしっかり握りしめて、その場をはなれた。

　これらはすべて、わずか数分間の出来事である。しかし、その数分間は、私の記憶に焼きつけられて、今でもありありと現存している。ときおりそれが、なにかのきっかけでうずき出すたびに、私は、身を挺して幼い私を救ってくれたすみやに対する名状しがたい自責の念が、胸許に熱くこみ上げるのを感じるのである。

　それよりも、もっと鋭い羞恥と悔恨が、私の胸をえぐることもある。すみよりは数年遅れて、私の家に来ていた花という女中がいたが、私はこの花に対しても、とりかえしのつかないことをしてしまったからである。

　私は、この花という大柄な娘の郷里を、今でも覚えている。それは秋田で、彼女は大曲小学校という学校の卒業生であることを誇りにしていた。たしかに花は、色白で、眼鼻立ちがととのい、秋田美人といってもいいような趣きがないでもなかった。

　そのときは、もう新しい母が来ていて、妹が誕生して間もなくだったから、あれは昭和十五年の二月ごろだったはずである。花は、母が妹に湯をつかわせるのを手伝っており、私はそばでそれを見ていた。

　茶の間の一隅に茣蓙が敷かれ、その上に盥が置かれて、長火鉢には赤々と炭火が燃えている。母は、赤ん坊をかかえて湯をつかわせるのに余念がなく、割烹着を着た花やがかたわらに控えて、甲斐々々しく母を助けていた。

この情景は、心をときめかせる情景であった。赤ん坊というものも、妹ができたという事実も、私にはめずらしくてならなかった。私は、いつの間にか花の傍らに割り込んで、そこにあった小さなガーゼの手拭いをとり上げ、盥につけて舟の帆のようにして遊びはじめた。

そうするうちに、私は、数日前に読んだばかりの、少年講談の『紀伊国屋文左衛門』のことを思い出した。そして、それもその本で覚えたばかりの、

〽沖の暗いのに　白帆が見える……

というあの有名な文句を、節も知らないのに、ふと口誦さんだ。

すると、花が、

「あら、お坊っちゃま、よく御存知ですわね」

と、チラリと微笑んで、手を休め、艶のあるいい声で、

〽……あれは　紀の国　蜜柑船
と、あとを節をつけて歌った。歌いながら花は、おくれ毛の見える長い襟足をこちらに向けて、遠いところを見るような眼になっていた。

その瞬間に私の身内を貫いた、燃えるような羞恥の感情を、どう説明したらいいの

だろう？　なぜ、花が歌ってみせた、

〽……あれは　紀の国　蜜柑船
というひと節が、あれほど耐えられぬものと感じられたのだろう？

次の瞬間に、私は長火鉢の灰にさしてあった火箸をとり上げて、白く肉付きのよい花の手の甲に、押し当てていたのである。ジュッという、肉の焼ける音がして、見る見るうちに花の手の甲は火ぶくれになった。私はそれにおびえて、火箸を茣蓙の上にとり落した。

　騒ぎを聞きつけて、祖母がはいって来た。祖母は、私を激しく叱責し、花を抱きかかえるようにして、わびながら手当をした。私は茫然と立っていた。

「こんなわるさをして、花やの手に跡が一生のこることになったら、あなたはどうします」

　祖母の声は、当惑と怒りで震えていた。

「いいえ、お坊っちゃまは、ついなさったのです。わざとではありませんね」

と、痛みをこらえて、花は、祖母と私に半々にいった。

　そうではなかった。私はまぎれもなく、わざとやったのだった。だが、なぜ、なにがわざとだったのか、私には説明することができなかった。しかし、それは、絶対についではなかった。

この花に対する、不思議に兇暴な発作の記憶も、なにかの拍子になまなましく蘇ることがある。そして、それは、すみの記憶とともに、私のなかでは、それから間もなく読んだ春陽堂版「明治大正文学全集」の『谷崎潤一郎集』の記憶と、どこかで分ちがたく結びついているのである。

II

あの春陽堂版の「明治大正文学全集」のなかから、『谷崎潤一郎集』を見つけ出したのも、やはり不思議な偶然というほかはないように思われる。

新潮社の「世界文学全集」とはちがって、この全集はくすんだ緑色の布装の本で、大久保百人町の家の納戸の一隅に、無雑作に積み重ねられていた。

永いあいだ、誰の手にも触れられずにいたために、本は湿気を帯びてひんやりとつめたく、頁の端も変色しかかって、生れる前の世界の匂いともいうべき独特の匂いを漂わせている。いったいなにが書いてあるのだろうと、好奇心の赴くままに頁を繰ってみると、そこにはそれまで想像してもみなかった官能的な世界が、華麗な文字によって描き出されているのであった。

「まだこゝに絵双紙が沢山あるんだよ」

と、信一は又袋戸棚から、半四郎や菊之丞の似顔絵のたゝうに一杯詰まつて居る草双紙を引き擦り出して、色々の絵本を見せてくれた。何十年立つたか判らぬ木版刷の極彩色が、光沢《つや》も褪せないで鮮やかに匂つてゐる美濃紙の表紙を開くと、黴臭いケバケバの立つて居る紙の面に、旧幕時代の美しい男女の姿が生き〳〵とした目鼻立ちから細かい手足の指先まで、動き出すやうに描かれてゐる。丁度此の屋敷のやうな御殿の奥庭で、多勢の腰元と一緒にお姫様が螢を追つて居るかと思へば、淋しい橋の袂で深《ふか》編笠《あみがさ》の侍《さむらひ》が下郎の首を打ち落し、死骸の懐中から奪ひ取つた文箱《ふばこ》の手紙を、月にかざして読んで居る。其の次には黒装束に覆面の曲者《くせもの》がお局《つぼね》の中へ忍び込んで、ぐつすり寝て居る椎茸髱《しひたけたぼ》の女の喉元へ布団の上から刀を突き通して居る。又ある所では行燈の火影かすかな一と間の中に、濃艶な寝間着姿の女が血のしたゝる剃刀《かみそり》を口に咬《くは》へ、虚《こ》空《くう》を摑んで足許に斃れて居る男の死に態《ざま》をじろりと眺めて、「ざまを見やがれ」と云ひながら立つて居る。……》（『少年』）

《……

しかし、『少年』の主人公ならぬ幼い私にとっては、眼の前で妖しく身をくねらせているこれらの活字そのものが、極彩色の絵双紙にまさるとも劣らない刺戟的な色彩に感じられた。

納戸の片隅には、埃まみれになった絵双紙や錦絵の類いもあるにはあったが、読みにくい変体仮名で書かれた地の文と、あまりに毒々しい色彩のとり合わせは、かえってにわかには馴染みがたいものに感じられたからである。

それにしても、蔵とか納戸というような、ひんやりと薄昏い場所の失われてしまった今日の私たちの住居は、なんと味気ない、奥行きに乏しいものになってしまったのだろう。現代の子供には、もう「秘密」の場所を持つことが許されていない。少くとも、幼いころの私が、薄昏い納戸のなかで味うことのできた「秘密」の場所の陶酔は、今日の子供からはまったく奪われてしまっているように思われてならない。

この「秘密」の場所には、いわば個人の記憶を超えた記憶とでもいうようなものが堆積され、外からのどんな光の侵入をも斥けて、いつもひんやりと湿った空気を澱ませている。『谷崎潤一郎集』は、そういう場所の一隅に身を潜めていた。いや、それはむしろ、この場所のなくてはならない一部分であった。

ところで、いうまでもなく、これは私にとっては官能の世界そのものの発見であった。それまでの私は、身体中が切なく火照って来るような、あの性の昂奮というものを知らなかった。そして、それが女との接触によってもたらされるものであることなど、想像することもできなかった。

もう此の世にいない母の、甘い体臭の記憶は、あれは女というものへの懐しさにつながって行くものなのだろうか？　祖母に女を感じることはなかった。まだ新しい母が来ていなかった家の中で、女といえば女中たちのほかには誰もいない。彼女たちがその〝女〟なのだろうか？

そう思って眺めてみると、たしかに彼女たちは、母とも祖母ともちがうもの、つまり〝女〟にほかならないもののように思われた。彼女たちは、谷崎の世界に描かれている下町の商家の娘や芸者のように美しくはなかったが、やはり若い女特有の優しい声と柔い身体とを持ち、しばしば丸い手首や足首を、着物の端から覗かせていた。

男の子は女中部屋にはいってはいけないと、祖母から堅くいい聞かされているのも、彼女たちが向う側の世界にいる存在だということを、あらためて私に意識させた。あれは、彼女たちが奉公人であるが故の禁止だと思っていたけれども、あるいは〝女〟であるが故の禁止だったのかも知れない。そうかといって、もちろん幼い私は、性の世界で男と女のあいだになにがおこなわれるのかについて、どんな知識を持っているというわけでもなかった。

《「兄さん、今何を読んでいらしつたの。……そんなに隠したつて、妾ちやあんと知つて居るわ。」

かう云ひながら、照子は或る時二階の窓に腰を掛けて、長い両脚を臥て居る佐伯の眼の前に放《はふ》り出した。

さうして、

「ふゝん」

と鼻の先で軽く笑つた。照子がこんな笑ひ方をするのは、母親や鈴木を対手にする時にのみ限られて居たものだが、此の頃は佐伯に向かつてもちよいちよい用ひるやうになつた。

「そんなに見られるのが耻づかしくつて？」

と、両手を窓の鴨居に伸ばして、房々とした庇髪の頭をがつくり俯向かせ、足許の犬をからかふやうに佐伯の姿を見下ろして居る。汚れツぽい顔《よご》が今日は見事に澄んで透き徹つて、旨味《うまみ》のある軟かい造作が、蠟しんこのやうな物質を連想させた。大方体の加減でも悪いのであらう、肉附きの好い鼻や頬ツぺたまで西洋菓子のマシマローのやうに白々と艶気を失ひ、唇ばかりが真紅に嫌らしく湿んで居る。大島の亀甲絣《きつかふがすり》の綿入の裾から、十文に近い大足が畳の上へのさばつて、少し垢の着いた、弾《は》ち切れんばかりに踝《くるぶし》へ喰ひ込んだ白足袋の鞐《こはぜ》が一枚壊《こは》れかかつて居るのを見ると、佐伯は餌を投げられた獣のやうな眼つきをして、

「畜生！　又己の頭を引ツ掻き廻しに来やがつた。折角人が面白さうに本を読んで居るのに余計なことだ。」

かう腹の中で叫んだ。……》（『続悪魔』）

『谷崎潤一郎集』のなかで、そのころ一番刺戟的に感じられたのが、このような箇所だったというのは、どういうことだったのだろう？　描かれている女の容姿にもまして、私には、「……大島の亀甲絣《きつかふがすり》の綿入の裾から……少し垢の着いた、弾《は》ち切れんばかりに踝《くるぶし》へ喰ひ込んだ白足袋の鞐《こはぜ》が一枚壊《こは》れかかつて居るのを見ると、……」というような描写が、ふるいつきたいほど色情を煽るように感じられたのである。

私は、それ以後、あるやましい心を抱きながら、女中たちの足許を盗み見るようになった。彼女たちの素足は少しも魅力をそそらなかったが、それが「弾《は》ち切れんばかりに踝《くるぶし》へ喰ひ込んだ白足袋」におおわれていると、にわかに心が妖しく躍った。

立方の芸者や粋好みの下町女の足許を引締めている誂仕立ての白足袋とはちがって、女中たちが履いているのは粗末な洗いざらしの白足袋にすぎなかったが、それでもそれはなによりも鮮烈に、そして誘うように、彼女たちの〝女〟という性を誇示しているように思われたからである。

そのうちに、私は、盗み見るだけでは満足できなくなって、現実に彼女たちの白足袋を盗むようになった。盗んでは、それを納戸の一隅の「秘密」の場所に隠しておく。それはほとんど説明することのできない奇妙な盗みであったが、私にいい知れない陶酔をあたえる行為にちがいなかった。

向う側の世界にいる〝女〟というものの象徴を、ひそかに自分の世界に運び入れてしまう。それは、世界を交叉しているという意味で禁忌に触れ、盗みであるという意味で二重に禁忌を犯していた。思えば、花やの白い手の甲に焼火箸を押しつけていたとき、私は、自分を十重二十重にとりかこんでいる禁忌の網の目を、なにかで破りたいと感じていたのだったかも知れない。この無意識の、盲目的な衝動に、形をあたえてくれたのが『谷崎潤一郎集』であった。

私の奇妙な盗みは、やがて祖母の発見するところとなり、激しく叱責されたのを契機にして、まもなくまったく止んだ。すみに、あやうく自動車に轢かれそうになったのを助けてもらった記憶や、花の白い、肌理の細かい手の甲に火傷をさせたときの記憶と同じように、この奇妙な盗みのことを思い出すたびに私の頬はいまでも赤らまずにはいない。

しかし、それでもこの記憶に、ある甘美なものがあることもまた否定することができない。おそらくは『谷崎潤一郎集』のおかげで、私はそれを甘美なものとして思い出すことができるのだろうと思う。つまり、人には道徳だけでは律することのできない「秘密」の部分があり、それを描き出した文学は、まだ性のなんであるかを知らない幼い子供にも、近頃のポルノグラフィーなどの遠く及ばない深い戦慄をあたえ得るということを、この本は証明してくれたのである。

高浜虚子『風流懺法』『道』

I

その義理の祖父の隠居所は、鎌倉の稲村ヶ崎の谷戸にあった。

新しい母が、私のために携えて来てくれた最大の贈り物は、この祖父だったかも知れない。祖父は、名を日能《ひよき》英三といい、引退した英語教師であった。明治十年代の終りごろに受洗し、青山学院を出て、その専門部で永年英語を教えていたが、私たちがお互いに身内になったころにはすでに悠々自適していて、祖母を世田ヶ谷の自宅にいる息子夫婦に委ね、自分は一年の大部分を稲村ヶ崎の隠居所で過していた。

つけ加えておけば、日能家の財産を造ったのは、この祖父ではない。それは祖母の努力の結果であった。但馬の生野から山を越えて神戸に出、神戸女学院を卒業したこのたきという義理の祖母は、祖父同様にクリスチャンだったが、生来不思議な商才に恵まれていたのである。

タイプライターというものが、はじめて日本に輸入されたのは、いったいいつの頃だったのか、私は知らない。しかし、祖母は、そのタイプライターの普及に着目して、タイプライター用カーボン紙の輸入商をはじめた。日能商会の、名目上の代表者は祖父だが、実質的に切りまわしていたのは祖母であった。

商業通信文は、祖父がお手のものの英語で書く。祖母はその文面を、みずから習い覚えた英文タイプに打って、アメリカのカーボン紙メーカーに紹介もなしに送りつけ、一種の気迫と清教徒的熱情によって、その日本における専売権を獲得してしまったのである。

日能商会は、六人の子供の養育費と、祖父の書籍代をまかない、なおその上に世田ヶ谷淡島の、佐藤元首相邸の裏手にあるかなりの地所と、当時その上に建てられていた二棟の家とをもたらした。稲村ヶ崎の祖父の隠居所も、また青山学院教授として彼が得た報酬によってというより、祖母の天衣無縫な実務的才能によって、建てられたものであった。

祖父には、しかし、このような男勝りの祖母に気押されているという様子が、まったくなかった。祖母にもまた、世事に交わることを好まない夫を、軽視する様子がなかった。軽視するどころか、くるくると二六時中額に汗して働きながら、祖父に奉仕することに喜びを感じているように見えた。

超然とした祖父と、実際的な祖母とのこの対照は、彼らの信仰にもあらわれているようにうかがわれた。祖母は、教会の活動に積極的であり、メソディストの信仰に疑いを抱いたことなど、おそらく一度もなかったにちがいない。そしてまた、彼女は、教会での交際によって得た新しい有力な知己を、事業の拡張と発展のために役立てることを、少しもためらわなかった。

そういう祖母の、ピューリタン的な一途さを、祖父は、かなりの驚嘆と、いくらかの憐れみとのまざりあった心情で、少し距離を置いて眺めているように見えた。実際、祖母が働く人であったとすれば、祖父は疑いもなく娯しむ人であった。

祖父は、まず、自分の信仰を疑うことを娯しんでいた。彼が、実社会と交渉を持つことを嫌ったのは、怠惰だからではなくて、生来多病であり、主として健康上の理由からであったが、その気持のなかには、日本人がキリスト教徒になっていることを、いくらか滑稽に感じているという要素も、はいっていたかも知れない。

「淳夫君」

と、祖父はいった。

「猫撫で声で説教をする牧師がいるが、ああいうのは本当に厭だね。ニヤケていてね。そこへ行くと、海老名弾正などという人は、面白かったね。なにしろ、ついこのあいだまで侍で、二本さしていた人だから、説教壇の上に日本刀を持ってあがって、さっと居合いを抜くんだよ。そして、凄い声で、〝信じるか、信じないかッ！〟と、気合いを掛ける。すると、みんなが思わず、〝信じます、信じます〟と、応えるというわけでね。私の若い時分には、こういう荒っぽいやりかたで、日本男児らしい伝道の仕方をしたんだね。私なども、つい吊り込まれて、〝信じます〟といってしまった一人だけれどもね」

そんなわけで、祖父は、彼が「一種の無神論」だと考えていた禅に、少なからぬ興味を示していた。いうまでもなく、プロテスタントのキリスト教が、明治十年代後半の流行思想だったとすれば、禅は、明治二十年代の流行思想である。祖父のなかには、あるいは、その青年時代に彼の内部を通過して行った二つの宗教思想が、層を成して共存していたのだったかも知れない。

ところで、私が、この祖父と一緒に暮すようになったのは、小学校の下級生のときに、稲村ヶ崎の彼の隠居所に転地させられたためである。

前にも書いたように、小学校にあがった私は、しょっちゅう微熱を出して、学校を休んでばかりいた。そのためばかりではなくて、私は、学校というところが、ひどく嫌いだった。なにしろ、一年生のときなどは、年間たった三十七日しか登校していないのである。新しい母は、こういう私を、どこか私と似たところがなくもない祖父のところへ、思い切って転地させるように提案してくれたのであった。

新しい母に伴われて、祖父の許に移った私は、しばらくは学校に行かずに、鎌倉という新しい生活の環境に、新鮮な歓びを感じつづけていた。それは秋で、稲村ヶ崎の谷戸の自然は、ひっそりと紅葉していた。空の色の青く深い山間に、朱く色づいたからすうりの実を見出したときの、名状しがたいおどろきと嬉しさを、いまだに私はよく憶えている。田圃というものをはじめて見たのも、このときであり、海岸から漁船が出漁して行くのを眺めたのも、このときが最初であった。

だが、私にとってなによりも深い解放感をあたえてくれたのは、肉親のいないところで生活できるという事実だったにちがいない。まだ乳児だった妹は、肉親とはいえ幼なすぎて、年もへだたりすぎていたので、圧迫感をあたえるような存在ではなかった。父は、週末を過しに来るだけであり、肉親である祖母は大久保百人町の家にいた。

そして、私は、肉親ではない祖父母と、肉親ではない母とに囲まれて、しばらくは学校にも行かずに、日々を過すことができる。これは、文字通りの楽園であった。そして、この楽園には、娯しむ人である祖父が、その身辺に漂わせている控え目な趣味人の匂いが、充満していた。祖父は、信仰への懐疑を娯しむばかりでなく、読書を娯しみ、鎌倉彫を娯しみ、歌舞伎の名優の思い出にふけることを娯しみ、散歩や銭湯通いを娯しんでいた。

江ノ電に乗って街に出ると、彼は、明治屋や亀屋の支店に立ち寄って、もうそのころでは手に入りにくくなっていた洋風の嗜好品などを手に入れ、嬉しそうに顔をほころばせて帰って来ることもあった。

この祖父が、年齢のおびただしい開きを問題にせず、最初から私を友人扱いにしてくれたのは、どういう心境からだったのだろう？　私も私で、胡麻塩頭を五分刈りにした、いつも柔和で物静かなこの老人が、しばしば年来の親友ででもあるかのような気持になることがあった。どんな大人も子供も、この祖父ほど深く私の心を理解してくれはしない。なかでも肉親は、近すぎるために常に鈍感で、決して私の真のトラブルがなんであるかに、直面しようとはしないのである。

高浜虚子の『風流懺法』は、この祖父の小さな書見机の脇に置いてあった、「明治大正文学全集」のなかに収められていた。鎌倉に転地して、その風格ある自然に触れ、新田義貞が稲村ヶ崎の鼻から海中に投じた剣は、いまでも探せばあるだろうか、というようなことを考え出した私は、いつの間にか納戸に籠る快楽を忘れていた。しかし、そのうちにまた、なにか読むものが欲しくなって来る。祖父の本箱にあるのは洋書ばかりで、数少い和書のひとつが、その虚子であった。


《……「君は何処《どこ》の小僧サン」

と余が聞くと、

「大師堂」

と大きな声で答へて、

「どうして昨日《きのふ》湯に入りに来なかつたの」

と友達のやうな口をきく。

「風邪をひいてゐたからサ」

「折角僕がわかしてやつたのにナア」

「君がわかしてくれたのか、其《それ》はすまなかつた。此次《このつぎ》は這入《はひ》るヨ」

「僕はあすうちへ帰るのだヨ」

「君のうちはどこ」

「僕のうちは東京、だけれど京都に伯母サンがゐるの、あすは伯母サンのうちへ行《ゆ》くの」

「伯母サンのうちは京都のどこ」

「祇園町《ぎをんまち》」

祇園町とは一寸《ちよつと》意外であつた。

「祇園町といふのは何処《どこ》」

と試《こゝろ》みに聞いてみる。

「祇園町を知らないのか。馬鹿だナア」

と小僧サンは甚《はなは》だ軽蔑《けいべつ》した調子で、

「君はいつまで此処《ここ》に居《ゐ》るの」……》

この「余」と一念との会話を、私は幾度繰り返して読んだことだったろう。それから、

「これどすか、かうやつて、こゝをかう取つて、こつちやに折つて、かう垂らしますのや」というような、三千歳の愛らしい語り口も。

そういえば、祖父の隠居所の座敷には、釈宗演の書が掛っていたが、いまどうして

もその前半を思い出すことができない対句の後半は、たしか「柳暗花明亦一邑」というのだったような気がする。

II

もう少し続けて、虚子の小説のことを書こうと思う。

鎌倉稲村ヶ崎の、祖父の隠居所にあった「明治大正文学全集」の『高浜虚子集』のなかには、『風流懺法』だけではなくて、まだいくつか、いまだに心に残って忘れられない小説が収められていたからである。

たとえば、『道』なども、その一つだ。これは、短篇というよりもむしろ掌篇といったほうがよいような短い作品で、私は、祖父とこの小説について話し合ったことがある。そして、この『道』は、私の記憶のなかではあの江ノ電の記憶と、どこかでわかちがたく結びついているのである。

《東京を離れることが余り遠くない此駅を昇降する人には私のやうに東京を日帰りにする人も少なくはない。横浜に通勤する人は其れよりも多い。

其等の人々は大方挙手の礼をして自由に改札口を出入するのである。此前迄ゐた駅長は此地に別荘住居をしてゐる顕官だとか豪商だとかいふものにはにこ〳〵し乍ら近づいて世間話などをした。所謂元老の一人の顔もよく此のプラットホームに見えた。駅長はいつも其前に立つて腰をかゞめて挙手の礼をした。……》

この駅の改札口は、表口に一つしかないのだが、いつの間にか裏通りに面して二ヶ所、抜け道が出来た。ときどき駅のほうでは、古い枕木でこしらえた柵を設けて、通行禁止の札を立てるけれども、しばらくすると誰がこわすともなく柵はこわされてしまい、また抜け道をする人々が旧に復してしまう。

駅長は、抜け道通行者を黙認している。改札係は明らかに焦立っているのに、駅長は知らぬ顔をして、あい変らず顕官や豪商に愛嬌をふり撒いている。彼らのなかにも、裏通りに車を停めさせて、抜け道からプラットフォームにはいる人々がいるのである。

《私が此地に移住して来てからももう足掛四年になるが、其間に同じやうな事が何度繰り返へされたであらう。

「又柵が結《ゆ》はれたな。今度はいつ頃壊されるだらう。」私はさう思つて其都度《つど》新らしく結はれた柵を眺めるのであつた。

「おやもう壊されたのか。」私は忽ち又新たに壊された柵を見乍ら微笑を禁じ得なかつた。もともと其れは往来でないところを人が踏みかためて自然に通路にしたのであるから、人の通らぬ日数が重なると夏草などは瞬《また》く間に其処に生ひ茂るのであつたが、其れは四五日で踏み枯らされてすぐ又もとの往来になつた。

此事に就いて斯んな事を話し合ひながら通る二人の人があつた。

「道といふものは自然ですね」

「さうですよ、道といふものは自然ですよ」

二人は同じやうなことを話し合つてゐた。けれども此二人の職業も性格も違つてゐた。一人は柵さへ破れゝば直ぐ近道を取る人であつた。他の一人はどういふ事があらうとも必ず改札口から出這入する人であつた。》

ところで、世馴れた駅長が転任して、新しい駅長が着任すると、この駅の雰囲気が一変する。彼は、抜け道の柵をふさがせたばかりか、挙手しただけで改札口を通ろうとする乗客の定期券を、一々呼びとめて調べるようにさせた。そればかりか、元老や大富豪の前に出ても、すべてこれを無視して「頬の落窪んだ青白い顔に威儀を」正し、誰にも挨拶をしようとはしなかった。

ある日、一人の紳士が、プラットフォームを散歩しているあいだに、足を伸して柵の近くまで行き、そこから折り返して歩きはじめた際に、レールの上にいた駅長が、

「もし〳〵、貴方、其方の道から這入って来てはいけません」

と、「低い沈んだ愛嬌の無い声」で呼びとめた。

紳士は、怒り心頭に発した鋭い声で、

「黙れ！」

と叫び、駅長を呼び寄せて抗議し、その眼の前にちゃんと鋏のはいった二等回数券を突きつける。

彼は廻り道をして、正面の改札口からはいってきたのだが、駅長はそれを、抜け道をして来たものと誤認してしまったのである。

《……駅長は青白い顔を一層青白くして帽子を取つて礼をした。

「軽卒な事を中上げて失礼しました。」

「あやまれば宜しい。」顥鬚の人は勝誇つたやうに体を垂直にして再びプラットホームを歩き出した。レールを隔て、向うのプラットホームに此容子を見てゐた少壮の海

軍軍人の一団は皆此結果を見て噴き出して笑つた。駅長は少し首を垂れて引返へしたが、其歩調は静かに落着いてゐた。……》

そのうちに、新しい駅長になってからほとんど半年近くこわされずにいた柵が、またこわされる。

《……冬枯の細道は草も生えずに、其破れた柵を透してプラットホームに続いてゐた。駅長は又直ちに修理に取りかゝるであらう。其れにしても此柵を壊すものは何であらう。》

虚子が『道』を書いたのは、大正三年（一九一四）のことである。彼は、明治四十三年（一九一〇）十二月に鎌倉に転居しているから、文中に「此駅」とあるのはもとより鎌倉駅のことで、のちに虚子は、みずからそのことを明らかにしている。つまり、まだ鎌倉の駅に、裏口ができる前のころの話である。

この裏口のことを、私たちは「裏駅」と呼んでいた。現在では、江ノ電のプラットフォームがあるほうの出口である。

そして、江ノ電は、私が稲村ヶ崎の祖父の隠居所に転地させられたころには、「裏駅」側のプラットフォームからではなくて、表口の、島森書店前の路面から発車していた。

私はこの江ノ電に乗って、八幡宮の一の鳥居にほど近い、鎌倉第一国民学校に通ったのである。稲村ヶ崎は、第一国民学校の学区のなかでは一番端の片瀬寄りで、戦争が激しくなるまでは生徒はみな電車通学を許されていた。

生れてはじめて、定期券というものを持って通学するのは愉しかった。あれほど学校嫌いだった私が、一転して人並みの生徒になれたのは、ひょっとするとひとつにはこの江ノ電通学のためだったかも知れない。

東京の市電（当時はまだ都電にはなっていなかった。東京府と東京市が一緒になって、東京都になったのはたしか昭和十八年のことだった）に似ていて、それより少し頑丈そうな路面電車式の電車だが、案外スピードが出て、沿線の生垣をこするように疾走する。それでいて単線なので、上下線がすれ違う停車場では、丸い輪を交換してから発車するのである。

夏になると、淡青色に塗って風通しをよくするために車体が網の目のようになった〝納涼電車〟というのが出た。冬場は、二台あったこの〝納涼電車〟は、極楽寺の車庫にペンキのはげかけた車体を休めるのであった。

ところで、私が虚子の『道』をとりわけ印象深く覚えているのは、江ノ電の稲村ヶ崎の駅に、ちょうどこの小説に描かれているような抜け道があったからである。

元来が海水浴客相手の観光電車なので、稲村ヶ崎駅の出口も海岸側に設けられていた。駅といっても、駅長兼駅員が一人だけという小さな建物だが、それでも山側には枕木を立てて鉄条網を張った柵があり、線路のなかにはいれないようにしてあった。ところがある日、この柵の端の部分がこわされて、いつの間にか自然に抜け道ができてしまったのである。

もちろん小学生は、喜んでこの抜け道を通った。プラットフォームの長さだけを柵沿いに歩き、踏切りを渡って、またほぼ同じだけの道のりを駅の出入口まで行く手間にくらべれば、この抜け道はずっと便利でもあり、スリルに富んでもいた。

しかし、そのうちにある朝、私たちはこの柵の破れ目がふさがれていることに気がついた。がっかりした私が、帰宅してから祖父にそのことを報告すると、祖父は微笑して、

「これを読んでみたまえ」

と、虚子の『道』をすすめてくれた。それがこの短い小説と、私との最初の出逢い

であった。

　読み終ると、祖父が、

「どうだね。面白いだろう?」

　といった。

　たしかにそれは、面白かった。しかし、私は、なんだか「頬の落窪んだ青白い顔」の、お世辞のいえない新任の駅長が気の毒でならなかった。

　そこで、祖父にそういうと、祖父はまた微笑んで、

「そうだね。幇間のような奴がよく思われて、生真面目で融通の利かない駅長のほうが損をするというところが、よく描けているね」

　といった。

　そして、しばらく沈黙していたあとで、

「淳夫君、桃李不レ言、下自成レ蹊という言葉を知っているかね。道というものは、自然につくものなんだね」

　と、つけ加えた。

　その祖父の温厚な笑顔もまた、私の記憶にはっきりと刻みつけられている。

嵯峨の屋おむろ『くされ玉子』ほか

嵯峨の屋おむろといっても、今日その名に馴染みのある読者は、皆無というにひとしい状態であるにちがいない。

私自身、最近嵯峨の屋の年譜を見ていて、その没年が第二次大戦後、昭和二十二年(一九四七)であることを知り、胸を衝かれたことがある。嵯峨の屋おむろ、つまり矢崎鎮四郎《しんしろう》は、明治二十年代前半の文壇に華々しく登場し、やがて急速に没落して行った作家である。文壇を去ってからの嵯峨の屋は、陸軍士官学校のロシア語教官となった。没したとき彼は、八十五歳になっていた。

しかし、私は、専門の研究者以外の興味を惹きそうもないそのような文壇落伍者の一人として、嵯峨の屋おむろの名を知ったのではない。私はただ、現存しているのかどうかさえさだかではない、一人の不思議な名前の小説家として、国民学校の上級生のころに矢崎嵯峨の屋を知ったのである。

　それは、改造社版「現代日本文学全集」のなかに収められていた、『嵯峨の屋御室集』によってであった。この全集は、いま手許にないので、確かめることができないが、たしかこの巻は二人集で、『嵯峨の屋御室集』は『二葉亭四迷集』と併せて一冊になっていたように思う。私は、その本を、やはり自由ヶ丘の従兄弟たちの家で読んだのだったように記憶している。

　江ノ電で通学することに馴れた私にとっては、東京はさほど遠いところとは感じられなくなっていた。江ノ電で稲村ヶ崎から鎌倉に出て、横須賀線に乗換えて品川まで行く。そこからさらに山ノ手線に乗換えて、新大久保まで行けば、間違いなく百人町の家に戻ることができる。それは、たしかに、昭和二十年五月二十五日の夜まではそうだった。鎌倉に転地したおかげで、すっかり健康を回復した私は、昭和十九年の夏休みのころには、この家が一年も経たぬうちに、大空襲で跡形もなく焼け落ちてしまうとは、想像もしていなかったからである。

　そのころまでに、父が日能の祖父の隠居所のそばに適当な家を見つけてくれたので、私はその家に移って、鎌倉第一国民学校に通っていた。つまり、転地のはずが、いつの間にか鎌倉への〝当分の間〟の移住になってしまったのである。父は、この家から毎日勤め先の銀行のある東京に通勤していた。

しかし、それは、あくまでも〝当分の間〟のことで、決して私の一家が鎌倉へ引越したというわけではなかった。新しい稲村ヶ崎の家は、なんでも赤坂の待合の主人が別荘に建てたとかいう家で、二間続きの別棟の離れがあったり、奥座敷の襖に鍵がかかるようになっていたりして、今から考えると妙に色っぽい造りになっていたが、私はこの家を、一時の仮住居以上のものとは思うことができなかった。

父もまた、鎌倉に定住する意志はまったく持っていなかったらしい。〝疎開〟という言葉も、ちらほら聞えるようになっていたけれども、父が大久保百人町の家からこの家に家財を移す気配はまったくなかった。移そうとしてもはいり切らないというのも一つの理由だったろうが、さりとてもっと大きな家を入手しようとしている形跡もなかった。

それでいながら、父は、戦局の見通しについてはつねに悲観的であり、食卓で日本軍の敗報を披露しては、私を不安にさせた。要するに父は、私と同じように、仮りに日本が敗けても、東京に大空襲があっても、百人町の家だけは残るものと考えていたにちがいない。この家は、少くとも父や私にとっては、焼夷弾が降ってくればたちまち燃えてしまう一つの建造物という以上の、奇妙に象徴的で内面的な意味を持っていたのである。

その百人町の家には、そのころ、祖母と父の末弟にあたる叔父の一家が住んでいた。この叔父は、父の勤務先とは別の半官半民の銀行に勤めていたが、陸軍の主計将校としてすでに二度応召していた。

最初に叔父が召集されたのは、ノモンハン事件のときである。このとき、九死に一生を得て還って来た叔父は、父に語っていた。

「なにしろ、大隊長が無能でね。敵の戦車が三方から包囲しかけているのに、輜重隊の自動車を敵のいる方向に誘導しようとするんだ。ぼくはたまりかねて、そっちじゃありません、こっちへ行かなければだめですと、どやしつけてやった。あのとき大隊長のいう通りにしていたら、間違いなく還って来られなかったよ」

「ソ連はそんなに強いか」

と、暗い顔をして、父がいった。

「強いな。特に機械化部隊が圧倒的に強いよ。いまの陸軍では、とても太刀討ちができないな」

叔父が断言した。

「いや、いまの陸軍だけじゃない。日露戦争のときだって、陸軍はロシアの陸軍になかなか歯が立たなかったと、お父さまがよくいっておられた」

父は、祖父のことを話題にするたびによくそうするように、ある権威のあるいい方をした。

「そうかい」

と、幼いころ祖父を亡くしたために、記憶のおぼろげな叔父は、なんだか少し淋しそうな顔をした。

叔父が二度目に応召したときは幸い内地勤務で、しかも品川の停車場司令部付だったので、ときどき祖母の顔を見に、百人町の家を訪ねることすらできた。そのころ、叔母は鎌倉の療養所にいた。叔母は、私の母と同様に結核に罹り、おそらくは急逝してしまった母の轍を踏まないようにとの配慮から、療養所生活を続けていたのである。

しかし、叔父がこの二度目の召集からも解除され、銀行の勤務に復帰したころには、叔母の病気もようやく快方に向って、退院できるまでになっていた。こうして、叔父の一家は、祖母と祖母が預って育てていた従妹とを加えて、百人町の家で久しぶりに家庭の団欒をとり戻したのであった。

祖母の御機嫌伺い、という名目で、学校が休みのときに一人で電車を乗り継いで、鎌倉から大久保百人町の家に戻るのは、心の躍る経験であった。一人で東京に行ける、ということが、小学生の私にとっては大人になった証拠のように感じられて、すでに充分に刺戟的だったからである。

その上、百人町の家は、叔父たちが住んでいるという意味では他所の家であったが、やはり私の家にちがいなかった。そこに行けば、私は少くともどこかにまだ漂っているはずの、母の匂いを嗅ぐことができる。いや、私は、記憶のなかに生きている母のさまざまな姿を、誰にも気づかれずにそこここに想い描くことができる。そうである限り、それはやはり私の家であった。

ところで、嵯峨の屋おむろは、年譜でみると明治二十年代から大正の終りごろまで、「大久保村」、つまり府下豊多摩郡大久保町字西大久保に住んでいたのである。従兄の家で改造社の円本全集に収められていた彼の『くされ玉子』を読んだときには、私は無論そのことを知らなかったけれども、父や叔父がまだ若いころ、一時期嵯峨の屋と同じ場所に住んでいたというのは、なにかの因縁のように感じられないでもない。

私が『くされ玉子』という小説を読んだのは、まったくの偶然で、嵯峨の屋おむろという作者の古風な名前がめずらしかったからにすぎない。正直なところ、私は最初、作者が女流ではないかとさえ思っていた。それは、一葉女史の『たけくらべ』の文体に似た、次のような文体のせいだったかも知れない。

《一輛の鉄道馬車京橋の辺《ほとり》にて止《とゞま》りぬ、……最後に入来《いりく》るは若き女。黒縮緬のおこそ頭巾に顔は半《なかば》かくれて見えねど、色の白さうつくしさ、頭巾の蔭よりさし覗《のぞ》くしめりを帯びし目の清《すゞ》しさ、何《いづ》れか見る人の心を惹《ひか》ざらん。……腰を掛けつゝ小声にて、「あ窮屈な」と呟《つぶや》きながら眉を顰《ひそ》めて、うッとしさうに被《か》ぶれる頭巾を脱《ぬ》ぎ棄《すて》て、初て見する其顔は十人並より美しかるべし。しだらなく合せた其襟附《えりつき》は兎《と》もすれば洩らすべし胸の羽二重《はぶたへ》、みだらがはしき下前《したまへ》は歩かば蹴出さん白き脛《はぎ》、いきなりの束髪結《そくはつむすび》に、見得を棄てたる羽織の着こなし、黒人《くろうと》にしては不粋《ぶすゐ》に過ぎ、娘にしてはみだらな粧姿《なり》。そも如何《いか》なる身分の女か、世なれて見ゆるも不思議なり。》

この女は、実は「熱心なる耶蘇《やそ》教《けう》信者」で女学校の教師である。『くされ玉子』は、松村文子というこの女が、晋《すすむ》という十七歳になる少年を誘惑する短篇小説で、題名は、女が少年と同衾しているところを目撃した宮川という男が、晋にくされ玉子を投げつける結末に由来している。

嵯峨の屋は、それが彼自身熱心なクリスチャンだった彼の作風の特徴らしく、この結末のあとに「嗚呼《あゝ》腐敗玉子《くされたまご》、然《しか》り真《まこと》にくされ玉子なり。臥《ふ》したる者も、倒れたる者も、将又《はたまた》罵《のゝし》る者も共に腐れり。……」というような詠嘆的モラルをつけ加えているが、当然のことながらこういう蛇足はなにも記憶にのこらず、「……あやしき移香《うつりか》のする繻子《しゆす》の襟付《えりつき》たる袷《あはせ》を着て、其裾を長く引ずり、女の細帯《ほそび》を腰に捲付《まきつ》け」た少年の「乱《みだ》らな姿」が、はっきりと私の脳裡に刻みつけられている。

今から考えてみると、松村文子は明らかに『或る女』の早月葉子の姉妹である。つまり家族から解放されて、都会で一人暮しをしている地方出身の「新しい女」の原型である。

一人で電車を乗り継いで、祖母の御機嫌伺いを口実にして東京に戻るのを愉しんでいた小学校五年生の私は、あるいはすでに心の底のどこかで、あの重苦しい家族というものから解放されて、心置きなく一個の「くされ玉子」になることを夢想しはじめていたのかも知れない。

落合直文『孝女白菊の歌』

そういえば私は、どうしていままで、あの講談社の絵本のことを忘れていたのだったろう？

講談社の絵本は、いわば私の読書遍歴の出発点に、遠く姿をひそめているなつかしい絵本である。

ちょうど一年ほど前、NHKからドキュメンタリー・ドラマ『明治の群像——海に火輪を』の脚本執筆の依頼を受けたとき、私はなんということなくこの絵本のことを思い出した。「面白くて、ためになる、子供が良くなる、講談社の絵本」という謳い文句が、ふと頭に浮んで来たのである。

それは、かならずしも、私が、講談社の絵本のようなテレビ・ドラマを想い描いたからというわけではない。むしろ私は、そのとき「面白くて、ためになる」という言葉の案外な含蓄の深さを、こと新しく反芻していた。

ここには、たしかに、多くの人々の心を惹きつける特性を、端的に要約したという趣きがある。テレビ・ドラマも、多分、「面白くて、ためになる」ものでなければならないのだなと、私はそのとき、考えたのであった。

幸い、このシリーズの第一回にあたる「大久保利通」は、去る昭和五十一年一月二十九日夜に放送されて、『明治の群像――海に火輪を』は、順調に滑り出すことができた。ほっと一息、という気持のなかで、私は、あらためてまた講談社の絵本のことを思い出している。

なかでも、ことに『孝女白菊』のいくつかの場面が、眼の前に浮びあがって、心をゆさぶる。この『孝女白菊』こそは、時間を溯行してみると、私の読書体験の源泉ともいうべき位置を占めている本だからである。

ところで、『孝女白菊』が、どうして私の愛読書ナンバー・ワンになったのかについては、はっきりした記憶がない。義母が来てからのことだったが、私は、義母に連れられてしばらくの間、省線電車の大久保駅の近くにあった岡村さんという内科の先生に、当時結核の特効薬と喧伝されていた（実はそうではなかった）セファランチンの注射をしてもらいに、通っていたことがあった。

注射はさほど痛くはなくて、すぐに終ってしまう。温厚で口髭を生やした岡村先生は、それが癖の丁重な言葉づかいで、義母に二言三言なにかの指示をあたえる。その帰り道に大久保駅のそばの本屋に寄って、新刊の講談社の絵本を買ってもらい、駅のガード下にあった森永の喫茶室で、紅茶を飲みながらワッフルを食べる。

義母が来たばかりのころの、愉しい記憶のこのひとこまと、『孝女白菊』とが結びついているのではないかと思ったこともあったけれども、今手許にある講談社の絵本の『孝女白菊』の奥付を見ると、昭和十二年七月二十日印刷、昭和十二年八月一日発行、定価三十五銭、とあって、むしろ同年六月十六日の母の死後間もなく発行された本であり、義母が来るより一年半も前に出ていたことが明らかである。

因みに、現在私が持っている絵本は、数年前に講談社の好意で贈られたもので、当時私が持っていたのと同じものではない。当時持っていたほうは、鎌倉に持って行っていたので戦災は免れたが、いつの間にか妹の所有物になって、そのままどこかへ行ってしまったからである。

さて、井上巽軒《そんけん》（哲次郎）の漢文の長詩『孝女白菊詩』にもとづいた翻案である落合直文の長詩『孝女白菊の歌』と、講談社の絵本の『孝女白菊』とを比較してみると、プロットの上ですでに重大な改変がおこなわれている。そのもっともはなはだしいのは、直文の原詩に、

《後にしきけは、父上は。賊にくみして、ましますと。いふよりいと、、胸つぶれ。袖のひるまも、あらさりき。」》（傍点引用者）

とあるところが、絵本ではまったく逆に、白菊の父本田昭利は、西郷隆盛の薩摩軍に攻められた熊本城に籠城するように描かれている点である。

しかも昭利は、髷をつけ、旧幕時代の武士の服装をしていて、その年老いた従僕もチョン髷をつけている。断髪令と通称されている散髪脱刀令が公布されたのが、明治四年（一八七一）八月であり、西南戦争が明治十年（一八七七）であることを考えると、これではなんといっても時代錯誤がひどすぎる。

さらに西南戦争当時、熊本城は、陸軍少将谷干城《たてき》指揮下の鎮台兵が守ったのだから、軍人でもない本田昭利が、陣羽織を着込んで城にかけつけるというのも、変である。

そうだとすると、富田千秋画伯の絵も、千葉省三氏の、

《……サアタイヘン、オ父《トウ》サマノ昭利モ　スグニ　イクサノシタクヲシテ　熊本城《クマモトジヤウ》ヘカケツケルコトニ　ナリマシタ。……》

というような説明の文章も、ずいぶん思い切って史実と原作を改竄したものだといわざるを得ない。

もうひとつの改変は、直文の原詩に、

《……汝はたえて、しらざれと。汝の兄とも、たのむべく。夫ともいふべき、人こそあれ』はやく家出を、なしてより。今にゆくへは、わかねども。老たる父も、ましませば。かならず、かへりくへきなり。』かへりきたらむ、そのをりは。ゆくすゑかけて、ちぎりあひ。夫《せ》といひ、妻とよばれつゝ。この世たのしく、おくりてや。』母のいまはの、ことの葉は。今猶耳に、のこるなり。……》

とある部分――つまり、白菊は捨子なので実は兄の昭英とは他人であり、したがって許婚でもあるという部分である。絵本では、このことはまったく省略されていて、なんの言及もおこなわれていない。

前の、父昭利を賊軍から官軍に変えてしまった改竄が、忠君愛国思想からの改竄であるとするなら、このほうは、性に関するタブーが、強く作用しすぎたための改変であるにちがいない。

これが、講談社の絵本にいわゆる「ためになる」の実体だとすれば、いらざるおせっかいだといわざるを得ないが、そこはよくしたもので、幼い私にも昭利がチョン髷をつけて出て来るところは、なんとなく変だなと思われたし、白菊と兄とのあいだには、普通の兄妹のあいだに存在するもの以上の、ある濃密な情緒が漂っているように感じられたのである。

それは、主として、説明の文からではなくて、絵から感じられるものであったように思われる。奥付の日付けからして、『孝女白菊』は、母の死後まもなく、父か、祖母か、叔母たちの誰かが、私のために買ってくれたものに相違ない。そして、本来なら少女向きのこの絵本が、私にとって忘れられないものになったのは、それが最初の講談社の絵本だったのに加えて、ひとつには、白菊もまた母を亡くした少女であり、その上に無意識のうちに自分を投影することができたからにちがいない。

しかし、どうもそれだけではなさそうな気もする。多分、そこには、かすかな性の目覚めもあったのである。その証拠に、私は、絵本など馬鹿にして見向きもしなくなった国民学校の上級生になってからもなお、この『孝女白菊』の絵本が好きだった。そして、すでに妹の所有に帰しているこの絵本のページに、稚拙なクレヨンの文字で

「ヨイ」とか「ワルイ」とかと落書がしてあるのを、ひそかに顔を赤らめてぬすみ見ずにはいられなかったからである。

この落書をしたのは、もちろん幼いころの私である。そして、ここで「ヨイ」とか「ワルイ」とかいうのは、もとより道徳的判断であるわけがなかった。私は、見ていて美しいと感じられた白菊の姿態が描かれているページに「ヨイ」という文字を記し、さほど美しくないと思われたページには「ワルイ」と記したのである。したがってそれは、純粋に審美的な判断というわけでもなく、そこには当然なにがしかの性的な刺戟が混在していたのである。

たとえば、白菊が、山賊に捕えられて、どこかへ連れて行かれようとしている絵は「ヨイ」であり、実は兄である昭英の草庵から無断で出立するところを描いた絵も、「ヨイ」であった。これに対して、白菊が亡母の位牌に手を合わせているところや、狩に出たまま帰らぬ父を待ち侘びる白菊の姿を描いた絵は「ワルイ」ほうにはいっていた。

なかんずく成人した白菊が、義理ある老翁からすすめられる縁談に悩み、淵川に身を投げようとしている淋しげな姿などは、「ヨイ」ほうの最たるもので、私は、それを胸がうずくような想いで幾度となく見つめた。直文の原詩に、

《村里遠く、はなれきて。川風さゆる、小笹原。死をいそぎつゝ、ゆきゆけば。水音すごく、むせぶなり。』……》

とある箇所である。

この講談社の絵本の『孝女白菊』の巻末には物語の部分がついていて、そのなかに囲みで落合直文の『孝女白菊の歌』の冒頭の数十行が掲げられていたから、私はいうまでもなく総ルビつきのこの原詩の一部にも接することができたのである。後年、その全部を通読したとき、私は、鮮明に記憶にのこっている白菊の楚々たる姿を、次々と想起せずにはいられなかった。

ゲーテ『若きエルテルの悲み』

実は、どうもそのときにひき込んだらしい風邪が、まだ抜け切らないので困っているのだが、去る二月の末頃、私は久しぶりで鎌倉に出かけた。

鎌倉には、いまでも友人たちが住んでいるし、親戚もいる。行こうと思えばいつでも行ける場所だというのに、つい御無沙汰がちになっているのは、私がもともとひどく出不精だということのほかに、やはり鎌倉を去らねばならなかった二十八年前の辛さが、心の片隅のどこかに残っているせいかも知れなかった。

そのとき、私は、鎌倉彫会館というところで講演をした。浄明寺のそばに洒落た家を建てて住んでいるKという旧い友人のお姉さんが、鎌倉彫を趣味とするグループにはいっていて、毎月講師を招き、文化講演会を催している。昔のよしみで来てなにか話さないか、と勧められたからである。

春の訪れを感じさせる生暖い雨が、降ったり止んだりしている土曜の午後で、鎌倉駅に着いてみると、気温は東京より二、三度は高目かと感じられた。この日は、私は、一時間四十分ほどぶっつづけに話をした。本論にはいる前に、鎌倉と自分のことを話していたら、いつの間にか一時間以上経ってしまったのである。

講演が終ると、Kが車を持って来て、いった。

「どうだい、ぼくの所に来る前に、ちょっと行ってみるか？　大丈夫かな」

そのとき、Kは、私が以前に住んでいた稲村ヶ崎の家を、見に行くつもりがあるかと訊いていたのだ。そのことは、訊き返さないでもわかっていたので、私はいった。

「そうだな。それじゃあちょっと、連れて行ってもらうか」

「よし」

と、Kは車のアクセルを踏んだ。

私たちは、たちまち鎌倉第一小学校の前を通りすぎ、一の鳥居を過ぎて、海岸沿いの道路に向った。第一小学校は、すっかり建て替って当世風になり、奉安殿のあったあたりが市立体育館になっていた。私が図画の時間に描いたことのある奉安殿脇の大銀杏も、影も形もなくなっていた。

それにしても、段葛から一の鳥居まで、いや、八幡さまから海岸までの距離は、こんなに短かかったのだろうか？　いくら車で通ったとはいえ、それはあっという間に過ぎてしまった。

それればかりか、極楽寺坂の切通しまでの距離だって、私の記憶に残っているのよりもずっと短かかった。この道を、私は、戦争が激しくなって、江ノ電通学が許されなくなってから、防空頭巾を背負い、下級生を庇いながら、毎日歩いて往復したのだったろうか。

稲村ヶ崎の駅が、当時より百メートルほど姥ヶ谷寄りに移動したということは、大分前に聞いて知っていたが、それをこの眼で見るのははじめてであった。駅前の踏切を越えて山ノ手に向うと、Kがいった。

「さて、そろそろゆっくり行くか」

私は、窓の外を見まわした。踏切のこちら側は、二十八年前とあまり変っているようには見えなかった。

「ここだな」

と、Kは車を停めた。

「そうだ、ここだった」

と、私はいった。

私が住んでいた家は、そのころとまったく変っていなかった。垣根が一部新しくなっているだけで、勉強部屋にしていた離れの様子も、当時のままのようにうかがわれた。祖母の部屋になっていた奥座敷の前には藤棚があり、季節になると美しい花を咲かせた。その藤棚も、そのままのようであった。

「この辺は、変っていないようだな」

と、Kがいった。

「うん、変っていない。行こうか」

と、私がいった。

「もういいのか？」

と、Kがいった。

「うん、もういい。有難う」

と、私はいった。

車を方向転換させるために、もっと山ノ手に行ってみると、そこは様相を一変させていた。山が切り崩され、新しい住宅団地ができている。那智の滝と呼ばれていた小さな滝の「復元碑」なるものが立っていて、そのそばに小さな新しい神社が忽然とあらわれているのも、奇異な感じであった。

結局、私の住んでいた家の一角だけが、昔の面影をとどめているのであった。しかし、Kの車が、いましも海岸沿いの道路に乗り入れようとした瞬間に、私は胸を衝かれた。海は少しも変っていなかった。二十八年前と同じ冬の終りの海が、雨空の下で鈍く濁りながらそこにあった。二十八年前のいまごろは、祖母はまだ生きていた、と私は思った。祖母が亡くなったのは、三月の末であった。

海を眺めながら鎌倉の街に戻るうちに、私はいつの間にか『オシアンの歌』の一節を思い出していた。正確にいえば、その『オシアンの歌』の一節が出て来る、『若きウェルテルの悲しみ』を思い出していた。

それは、新潮社版「世界文学全集」の『ファウスト其他』に収められていたもので、秦豊吉の訳であり、『若きヱルテルの悲み』と記されていた。前にも書いたように、私は鎌倉に転地させられたので、かならずしも疎開したわけではなかったから、大久保百人町の家から持って来た本は多くなかった。「世界文学全集」のなかでは、『モンテ・クリスト伯』と『レ・ミゼラブル』のほかには、この『ファウスト其他』があっただけのような気がする。そして、『ファウスト其他』が稲村ヶ崎に来ていたのは、ほかでもない『若きヱルテルの悲み』が、そのなかにはいっていたためであった。

どういうものか、私は、風邪をひいて学校を休んでいると、この『若きヱルテルの悲み』が読みたくなった。感情過多のヱルテルの独白の波うつような調子が、熱っぽくて気だるい身体の状態によく合うように感じられたためかも知れない。私は、横向きに寝たまま『ヱルテル』を読み、うつらうつらと夢想にふけってはまた読み続けるというようなことを、何度も繰り返した。

だが、二十八年前の春から夏にかけては、私は、そういう『ヱルテル』の読みかたをしなかった。ヱルテルが、人妻になっているロッテを抱きしめ、「震へる唇に気も狂はんばかりに続けざまにキス」する破局の場面で読み上げられる『オシアンの歌』の一節が、私の心に喰い込んでいた。

《……波は小舟を打砕いてしまつた。
アルマルは海に躍り入つた。
ダウラを助けるか、我身が死ぬかと。
この時丘から吹く疾風《はやて》は波を襲つて、
アルマルは沈んだまゝ、再び姿を見せなかつた。
……………………………………
……………………………………

暁の光射《さ》す前に、
娘の声は次第に弱くなつて、
ダウラは岩の草間《くさま》の夕風のやうに死んでしまつた。
ダウラは嘆きの中に死んでしまつた。
アルミンはたゞ一人残された。
あゝ戦ひの私の勇気は失《う》せた。
娘の中の私の誇りは失せた。

山の嵐の吹きくる時、
北海の波高くあがる時、
私は鳴り騒ぐ浜辺に立つてあの恐ろしい岩を眺めると、
折ふし沈みゆく月光の中に私は我子の幽霊を見る。
哀れに睦じく朦朧としてさまよひ歩く我子の姿を。》

祖母が亡くなり、鎌倉を去ることが決り、義母が発病したころ、私は、やはり夜半に何度か稲村ヶ崎の海岸を彷徨《さまよ》い歩いたことがあった。海岸といっても浜辺ではなく、由比ヶ浜から稲村ヶ崎に伸びる防波堤の上で、そこを一人で歩いていると、月のある晩には海が妖しく光りながらうねった。


《……ロッテは息も窒《つま》るやうな声を挙げて身をかはし乍ら、

「ヱルテルさん、ヱルテルさん。」

と繊弱《かよわ》い手でヱルテルの胸を押し隔てました。そしてもう一度きつとなつて厳かに、

「ヱルテルさん。」

と呼んだのです。ヱルテルもそれには抵抗しないで腕を離しましたが、気も遠くなつたやうにロッテの前に倒れました。ロッテはつと離れて心も不安に乱れ乍ら、いぢらしさと腹の立つとに身を震はせて、

「ヱルテルさん、もうこれ限りでございます。二度とあなたにお目にかゝりませぬ。」

と哀れな者を恋に溢る、目で眺め乍ら、次の部屋に這入つて扉を閉《し》めました。

……》

私は、まだ旧制中学の三年生で、想像の世界以外では恋というものの味わいを知らず、拒否されたときの切なさをも知らなかった。しかし、そのころ、私は、馴染んで

来た鎌倉のさまざまなものたちから、「もうこれ限りでございます」と、にわかに拒否されはじめたように感じていた。ただひとつ、この稲村ヶ崎の海が、私に胸を開いているのを除いては。

その海が、そのときと同じように、いま私の前に在った。

井伏鱒二『まげもの』

昭和五十一年四月号の「波」で、井伏鱒二氏に私の近作『海は甦える』を書評していただいたのは、望外の喜びであった。

井伏さんが、雑誌連載中に『海は甦える』を読んでいて下さって、会話が面白いといわれたという話は、人伝てに聞いていたが、なにしろ出不精で、めったにお目にかかることもないので、半信半疑の気持でいた。こうしてあらためて活字で批評していただくと、やっぱりそうだったのかと思いながらも、まだ眼をこすりたくなるような面映さを感じるのである。

そこで、そういう手紙を差上げたら、「あの作品には姉妹篇があるように思います」という返事を頂戴した。そんなわけで、いま私は、『海は甦える』の第三部を構想しているところである。いずれ来年の仕事になるはずだが、海軍の組織者として成功した山本権兵衛が、政治家として失敗して行く晩年を描きたいと思っている。

ところで、今月は、私がはじめて読んだ井伏さんの著書のことを書こうと思う。それはいまから三十年前のことで、その本は鎌倉文庫版の『まげもの』である。幸いなことに、私はその本をいまでも持っている。「現代文学選」という同一装幀の叢書の一冊で、『まげもの』はその⑳にあたり、昭和二十一年十月十五日初版発行、定価は十八円である。

同じ「現代文学選」のなかで、私がいまでも所持しているのは、尾崎一雄『父祖の地』、舟橋聖一『りつ女年譜』、室生犀星『つくしこひしの歌』の三点である。このうち、尾崎氏の『父祖の地』は、鎌倉から東京に戻ってから、下十条の古本屋で手に入れたのを覚えているが、『まげもの』、『りつ女年譜』、『つくしこひしの歌』については、どこで求めたという記憶がない。おそらく私は、この三冊を、叔父にもらって読んだのだろうと思われる。

この叔父については、以前にちょっと書いたことがある。半官半民の銀行に勤めていたが、父の兄弟のなかでは一手に戦争を請負わされた感があり、陸軍の主計将校としてノモンハン事件、日華事変、第二次大戦に都合三度召集され、運よく無事に復員して来た。

たしか敗戦のときには、北京に駐留していたので、復員は比較的早かった。昭和二十年秋のある日の午後、すでに学校から帰って来ていた私が、来客の気配に玄関に出てみると、階級章を剝ぎとった軍服姿の叔父が立っていた。

「お母さまは？」

と、叔父はいった。

私は、そのとき一瞬これは本当の叔父だろうか、叔父の幻影だろうか、ととまどった。別段叔父の顔が幽霊じみていたからというわけではなく、こんなに早く叔父が帰って来たということが、到底信じがたいような気持になったからである。それに、叔父はそれまで私に向っては、祖母のことを「お母さま」ではなく「お祖母さま」といったものであった。

「奥です」

と、どぎまぎしながら私は答えた。

「そう」

と、叔父ははじめて顔をほころばせて式台にあがり、大股にのっしのっしと廊下を歩んで、祖母がいる奥座敷の唐紙を開き、

「只今帰りました」

と、正しく両手をついて挨拶した。

「まあ、豊さん！」

という、祖母の低い声が聞えた。私は、なんという理由もなくその場をはずしていなければならないように感じて、奥座敷にははいらずにいた。

叔父の家族――つまり叔母と従妹とは、東京の家が焼ける前に阪神間の御影にあった叔母の姉の家に疎開し、そこも焼け出されて稲村ヶ崎の私の父の家に一時身を寄せ、叔父が復員して来たときには、すぐ近所の、漱石の次男夏目伸六氏の家の隣に母子で間借りしていた。

敗戦直後の混乱期にも、金融機関は機能を停止していなかったから、帰って来た叔父は、東京の社宅に移るまでのしばらくの間、鎌倉から東京の都心にある銀行に通うようになった。鎌倉文庫の営業部にいた叔父の中学時代の級友Nさんが、稲村ヶ崎をたずねて来たのは、多分そのころのことであったにちがいない。

もともと鎌倉文庫は、久米正雄、川端康成などの、鎌倉在住の文士が土産物屋を借りてはじめた貸本屋である。それが敗戦の翌年ごろには、当時の出版ブームに乗ってたちまち有力な出版社にのしあがるかのように見うけられた。

たしか、戦前は丸善に勤めていたはずのNさんが、どういうめぐり合わせでかこの鎌倉文庫に転職したのも、時勢の変化をうかがわせるように感じられた。『まげもの』、『りつ女年譜』その他の本は、このころNさんが手土産代りに叔父のところに持って来たもので、そのことを私は叔母から聞いた記憶がある。それを多分、叔父たちが一足先きに東京に戻るとき、私の手許に置いて行ってくれたのである。

「現代文学選」の『まげもの』によって、私がはじめて井伏さんの文学に触れるきっかけをつくってくれたのがこのNさんだったと思うと、因縁というものは不思議なものだという感慨を抱かずにはいられない。なぜなら私は、幼いころからNさんに、どういうものか一種特別な親近感を抱いていたからである。

家に訪ねて来る父や叔父の友人たちのなかで、このNさんだけはほかの人たちと少し肌ざわりがちがっていた。たとえば、一時私が夢中になっていたピーター・パンの話などをすると、Nさんはうるさがらずに、むしろ面白がって真面目に相手になってくれた。母が死んだときも、新しい母が来たときも、私の心の中でおこっていることを一番直截に理解してくれた大人の一人が、このNさんであった。経済や法科出身の父や叔父とは違って、Nさんは文科の、しかも三田の文科の出身であった。

いま、書庫の隅から埃を払ってとり出して来た『まげもの』を手にとると、その本が世に出た敗戦直後のこと、さらにはもっと溯ってNさんとピーター・パンの話をするのが楽しかった時代のことが、次々と想起されて来る。そして、いまでは薄汚れてしまったこの貧弱な書物が喚起し得る時間の重さが、あらためて胸にずっしりと感じられるのである。

この『まげもの』には、全部で八篇の作品が収められている。すなわち『湯島風俗』、『吹越の城』、『圓心の行状』、『一風俗』、『お濠に関する話』、『隠岐別府村の守吉』、『山を見て老人の語る』、『さざなみ軍記』がそれで、ほかに四ページほどの作者の「あとがき」がついている。このなかで、私が当時もっとも愛読したのは、巻末に収められている『さざなみ軍記』であった。

「あとがき」を見ると、井伏さんは、

《「さざなみ軍記」は、よほど以前すこし書いて雑誌に載せ、それから一年か二年かたつて続きをすこし書いて雑誌に載せ、さういふ風に期間をおいてすこしづつ書きたして行つた》

と、書いている。そこで筑摩書房版「現代日本文学全集」所載の井伏さんの「年譜」を見ると、この「よほど以前」が昭和五年（一九三〇）、作者三十三歳のころであることが知れる。

この作品が完成して河出書房から刊行されたのは、昭和十三年（一九三八）、作者四十一歳のときであるから、いずれにしても『さざなみ軍記』に、過ぐる大戦の影が投じられているとはいえない。しかし、旧制中学一年生になったばかりの私には、大戦と祖国の敗亡、占領という生々しい経験のもたらした痛切な感情を抜きにしては、都を追われて内海の各地に転戦するこの平家の若き公達の物語を読むことができなかった。

読んだことのない人のために、『さざなみ軍記』を簡単に紹介すると、これはいわばあの小学唱歌『青葉の笛』の、

一の谷の　軍《いくさ》破れ
討たれし平家の　公達あはれ……

という情緒を、正確に散文化したとでもいうような小説である。

小説は、一人称の日記体で書かれ、文中やがて「私」が、平知盛の子で「武蔵守」と呼ばれている十六歳の少年であることが明らかになる。彼は、泉寺の覚丹という法

師武者を軍師として瀬戸内の島々を転戦し、小説の結末でははじめて負傷する。作者は、いかにも作者らしく、壇の浦の破局の前でその筆をとどめているのである。

この武蔵守の軍勢が、水軍、つまり海軍であることも私の心をゆさぶった。井伏さんはこの小説で、実に敗北して行く海軍の若い指揮官の物語を語っているのであった。

《……尾張守の乗馬は、泳ぐことが達者ではなかつた。次第に私達の船と遠ざかりつつあつたが、追ひかけることを断念して、渚の方へ泳いで行つた。そして脚の立つ浅瀬まで泳いで行くと、私たちの方をふりかへつて二度ほどいなないた。

備中守の乗馬は私の知らない間に姿をかくした。溺れてしまつたのであらう。この馬は月毛であつた》

このような描写の喚起する感情を、英語でなら〝poignant〟というのであろう。その〝poignant〟な美しさが、井伏さんの『さざなみ軍記』にはみなぎっていた。

伊東静雄　『反響』

I

《これ等は何の反響やら》という、伊東静雄の第四詩集『反響』の扉に記されたエピグラムを見て、本当に、この本に収められている詩はなんの反響なのだろう、と自問しはじめたとき、私は旧制中学の三年生になっていた。

それは昭和二十三年の夏の終りごろで、私はもう鎌倉にはいなかった。祖母がこの年の三月末に亡くなり、それをきっかけにして私の家にはいくつかの変動がおこったからである。

稲村ヶ崎の家を引き払って、東京の場末に建ったばかりの、父の勤務する銀行の社宅に移ることになったのは、その一つである。その引越しの準備をしている最中に、義母が高熱を発し、やがて肋膜炎と診断された。そのために、家の明け渡し期限が来ても義母を東京に移せなくなり、しばらく弟妹とともに義理の祖父の隠居所に預けて、静養させざるを得なくなった。これもまた変動の一つであった。

そんなわけで、私は父と二人でひと足さきに東京に移り、男世帯を張ることになった。銀行の社宅は、北区十条仲原町三丁目一番地にあり、十二坪ほどの急造のバラックにはまともな壁がなく、そのかわりにテックスが釘で打ちつけてあった。後年のことだが、私はこの社宅が、銀行の内部で〝炭住社宅〟と呼ばれていたことを知った。私はすでに転入試験を受けて、湘南中学から都立一中に転校していたが、夏休み中に学校を変ったので、新しいクラスメートに逢うこともできずにいた。私が伊東静雄という詩人の名を知ったのは、ちょうどこの宙ぶらりんの状態のころのことである。

それにしても、稲村ヶ崎から十条への移転は、私にとっては少なからざる変動というべきであった。私は、突然自分が周囲に露出されてしまった、と感じていた。

十軒ある社宅の敷地には、庭木が一本もなく、西側の窓を開けると四ツ目垣を隔ててすぐ道路があった。そして、西陽は容赦なく粗末な畳の隅々にまでさし込んで、それをたちまち変色させた。

この銀行の社宅全体が、周囲の地域社会から浮き上り、露出されて、以前からこの場所で暮している人々の視線に曝されていることは、いうまでもなかった。生れてはじめて銭湯というものに行ったとき、私はどこでどうしたらよいのかわからずに、湯気の濛々と立ち込める洗い場の一隅に棒立ちになって、茫然としていた。その私を、いずれも筋骨のがっしりした老若の男たちが、奇異の眼で眺めていた。私は、手拭いで前を隠す、という習慣すら知らなかったのである。

とにかく、私はいろいろなことを覚え、いろいろなことに馴れなければならなかった。この新しい環境に馴れ、必要なことを覚えないかぎり、生活を、いや、ことによると生存を続けて行くことも覚束ない。秋の新学期がはじまるまでのあいだは、父が勤めに出かけてしまうとほかにすることもなかったので、私は掃除や洗濯や買物などという、通常一家の主婦がするような仕事を、自分に課すことにした。

しかし、とまどうことはあったけれども、この変動は、私にとって一種の感覚の解放をもたらしてもいた。当初、私は、緑があまりにも少い場末の街に、ほとんど本能的な嫌悪を感じていたが、十条銀座の商店街を歩いていると、いつの間にか官能的な陶酔に似たものを感じている自分に気がついて、おどろくことがあった。

それは、人であった。この街の周辺で暮している工員や、国鉄の職員や、小商人やらの家族たちであった。こういう人々は、鎌倉には——ことに、稲村ヶ崎にはいなかった。ことに、この街を行く女たちは、たくましく肉感的な足を踏みしめて、十条銀座を歩いていた。真夏の太陽の下で、彼女たちの甘ずっぱい汗の匂いを嗅ぎながら、私は、そのなまなましさに昂奮していた。

もちろん、彼女たちが、私をその仲間に入れてくれることはない。そのころは、まだ旧制中学に通っている生徒の数が、現在の大学生よりはるかに少いという時代だったから、銀行の社宅の周囲に友達を求めることはできず、況んや同じ年頃の娘と言葉を交す可能性も、皆無にひとしかった。私は、中学生であるということで、しかも、湘南中学から都立一中に転校して来たばかりの生徒であるということで、はじめから彼女たちの仲間には入れないことになっていた。

だからこそ、彼女たちは魅力的だったのかも知れない。同じ年頃なのに、彼女たちの多くはすでに働いていて、給料というものをとっており、まだ稚さの残っている唇に口紅をつけ、髪にはパーマネントをかけたりしていた。銭湯に通う彼女たちは、髪をタオルやネッカチーフに包んで大人びた襟足を見せ、素足に紅緒のちびた下駄をつっかけて、すれちがいざまに自分たちの魅力を誇示するようなながし目を、私に投げかけた。

つまり、彼女たちは、すでに〝女〟をくっきりと顕しはじめていた。その臆面のなさも趣味も、ほとんど下品であったけれども、下品であるだけに私には一層刺戟的に感じられるのであった。

これと似た嫌悪と陶酔の混淆した感覚は、銭湯通いのなかにもあった。自分の裸体を他人の眼に曝し合うことへの嫌悪と、ほかならぬそのことがもたらす一種の陶酔。私は、疑いもなく、自分を周囲に対して露出することを、ためらいもしなければ恐れもしない人々のあいだで暮しはじめていた。

しかし、このような環境が、どれほど大人になりかけていた私にとって刺戟的に感じられたとしても、そこには美が決定的に欠けていた。

そのことを、私は、夕焼けを眺めるたびに痛切に感じた。緑のほとんどない十条仲原界隈で、美への渇きを癒してくれる自然といえば、夕方の一刻、西の空に展開される豪奢な残照の饗宴以外にはなかった。

十条銀座で買って来た西陽除けの簾ごしにその夕焼けを眺めていると、変動による混乱と解放感の底でうずいているものを、確かめることができた。そういう私の前を、路地の奥にある大黒湯に通う娘たちが、挑発的に腰を振りながら通りすぎて行った。

欠けているものといえば、私のまわりには書物も欠けていた。気がついて見たら、三年前の空襲で大久保百人町の家が焼け落ちたとき、私は、自分の自由になるはずだったおびただしい書物を失っていたのである。これまでそれを意識せずに済んでいたのは、鎌倉にいる限り、どこに行っても書物が充ち溢れていたからであった。

鎌倉では、級友の一人の父親は作家で、もう一人の父親は歌人であり、さらにもう一人の父親は外地から引揚げて来た大学教授であった。彼らの家に遊びに行けば、私はいくらでも本に触れることができたし、ときには本を借覧することすらできた。その便宜が、いまや決定的に奪われてしまったことを、私は悟らざるを得なかった。

本屋に並んでいる新刊書には、心を惹きつけるものがなかった。文芸雑誌のたぐいを手にとって開いてみても、私の胸の底でうずいているものに反響する文字は皆無であった。いまや、不可思議な時代がはじまりかけているようであった。その新時代の到来を、私は鎌倉ではあまりはっきりと感知することができなかったが、十条銀座の本屋の店先に立っていると、いやでもその気運を感じないわけにはいかなかった。

私は、この新時代に心を閉して、古本屋に足を向けた。古本屋は、十条銀座にも一軒あったけれども、私が好んで出かけたのはこのほうではなく、下十条（現在の東十条）の駅の近くにあった、ほこりっぽい店のほうであった。

この店の主は、六十前後の男で、胡麻塩頭を五分刈りにして、ちょっといなせな雰囲気を漂わせていた。その細君は、五十を少し過ぎたくらいの年恰好の女で、襟に手拭いをかけ、こめかみにときどき頭痛膏をはりつけたところは、水商売上りに見えなくもなかった。

　この、いつも少し不機嫌そうな主と、いつも少しおどおどしているように見える細君とが、替りあって店番している古本屋は、世の中から置き忘れられたようにひっそりとしていて、私の心を和ませた。彼らは、私が立ち読みをしていてもなにもいわず、たまに気に入った本を帳場に持って行っても、ほとんど言葉を交さずに、面倒臭そうに代金を受けとって、粗末な紙にくるんだ本を渡してくれるだけであった。

　なんという屋号の店だったか、いまではすっかり忘れてしまったこの古本屋で、私は伊東静雄の詩集『反響』を手にとったのである。それはまったくの偶然であった。なぜなら私は、そのときこの詩人についてなんらの知識もなく、詩人が在世しているのかどうかも知らなかったからである。まして私は、彼が私の先祖の故郷にほど近い長崎県諫早の出身であり、当時大阪の中学校で教鞭をとっていたことなど、知るよしもなかった。

　しかし、そこには、私の心の底のうずきに応じてくれる言葉があった。そして、その言葉は、あきらかにひとつの確乎たる美的世界を構成して、不可思議な新時代におのずから相対峙していた。当然、私の胸は震えずにはいられなかった。

Ⅱ

詩集『反響』は、いま手許にないが、『定本伊東静雄全集』に附せられた富士正晴氏の編注によれば、昭和二十二年（一九四七）十一月三十日付で、創元社から刊行されている。装幀は庫田叕で、Ｂ６判一三六ページのつつましやかな詩集であった。発売されてから一年も経たぬうちに、誰がこの詩集を古本屋に売り払ったのかは知らない。しかし、『反響』のページをなにげなく開いた私は、たちまちそこに収められている詩に惹きつけられていった。

そこには、鎌倉から十条の場末に引移って以来、私の胸を嚙みつづけて来た激しい渇望を、一挙に癒してくれる言葉があった。それは決して大げさな言葉ではない。《これ等は何の反響やら》というエピグラムに示されているように、韜晦した詩人が、遠いところから聴えて来る物音の〝反響〟に耳を澄ませているとでもいうような、静かな、低声につぶやかれた言葉だったけれども、それらの言葉は私の心に深く沁み通っていった。たしか二十円の新円を投じて、私はこの詩集を自分の所有とした。

もし、このとき、『反響』にめぐりあわなければ、私は文学を仕事とするようになっていただろうか？　この仮定の問には、答えにくい。あるいは私は、いまとはまったく違うことをしていたかも知れず、ひょっとすると生きてすらいなかったかも知れない。いずれにしても、ある人との出逢いが人間の一生を左右し得るように、ある本との出逢いもまた人間の一生になにがしかの決定的な影響を及ぼし得るものである。よしその本が、あまり世間には名を知られていない詩人の、小さな詩集であったとしても。

それにしても、昭和二十三年の夏の終りごろの一日、なぜ私はあの下十条の古本屋の西陽のさし込む店先で、『反響』を手にとったのだろう？　それは単なる偶然だったのか、あるいは摂理とでもいうようなものの働きによる必然だったのか。いまだに私は、この『反響』との出逢いが、不思議でならないのである。

この詩集に収められている詩のなかでも、ことさらに私の心のうずきに応えてくれたのは、「夏の終り」という詩であった。それはこういう詩である。

《夜来の颱風にひとりはぐれた白い雲が
気のとほくなるほど澄みに澄んだ
かぐはしい大気の空をながれてゆく
太陽の燃えかがやく野の景観に

それがおほきく落す静かな翳《かげ》は
……さよなら……さやうなら……
……さよなら……さやうなら……
いちいちさう頷く眼差のやうに
一筋ひかる街道をよこぎり
あざやかな暗緑の水田《みづた》の面《おもて》を移り
ちひさく動く行人をおひ越して
しづかにしづかに村落の屋根屋根や
樹上にかげり
……さよなら……さやうなら……
……さよなら……さやうなら……
ずつとこの会釈をつづけながら
やがて優しくわが視野から遠ざかる》

一見したところ、これはむしろ平凡な叙景詩で、その印象は明るい。ほとんど散文に近いほど無理のない各行の進行には、ゆったりとした白い雲の流れのようなリズム

が隠されているが、そのリズムは、二ヶ所において、

《……さよなら……さやうなら……
……さよなら……さやうなら……》

という歌と交錯し、さりげなく中断されている。

それは、雲の歌――雲のあいさつの歌だ。この歌は、コーラスのあいだから突然響いて来るバリトンのソロのように、叙景のなかから浮びあがり、メロディを奏でる。それは、長調のむしろのどかなメロディであり、雲は流れながら、このあいさつの歌を歌いつつ、遠くへ消えて行くのである。

だが、この長調のむしろのどかなメロディが、かくもしっくりと心の底にわだかまっているうずきに応えてくれるのは、なぜなのだろう？　そして、その結果一種の痛切な悲哀の感情が湧きあがり、しかも慰撫されるのはなぜだろう？　いったい、この、

《……さよなら……さやうなら……
……さよなら……さやうなら……》

は、「何の反響」なのだろう?

そう思ったとき、私は、自分がいまなによりも、この「……さよなら……さやうなら……」という歌を必要としていることに、気がつかざるを得なかった。私は、さまざまなものに「……さよなら……さやうなら」をいわなければならなかった。鎌倉にも、幼いころから親しんで来た生活の様式にも、それを成り立たせていた時代にも。そして、自分の少年時代と汚辱から自由だった日本にも。おそらく私は、そのとき、長調の明るいメロディで「……さよなら……さやうなら……」をいうことを、ひそかに希っていたにちがいなかった。

しかし、伊東静雄というこの詩人は、どうして「夏の終り」というこの本質的には悲哀に充ちた詩を、かくものびやかな明るいメロディで歌うことができたのだろう。そう思いつつ、『反響』のページを繰って行くと、そこには、ちょうど私の生れたころ——昭和七年から九年にかけての詩を集めた、『わがひとに与ふる哀歌』という章があり、そのなかに「行つて　お前のその憂愁の深さのほどに」という詩があるのが眼についた。

《大いなる鶴夜のみ空を翔《かけ》り
或はわが微睡《まどろ》む家の暗き屋根を
月光のなかに踏みとどろかすなり
わが去らしめしひとはさり……
四月のまつ青き麦は
はや後悔の糧《かて》にと収穫《とりい》れられぬ

魔王死に絶えし森の辺《へ》
遥かなる合歓花《がふくわんくわ》を咲かす庭に
群るる童子らはうち囃して
わがひとのかなしき声をまねぶ……
（行つて　お前のその憂愁の深さのほどに
明るくかし処《こ》を彩《いろど》れ）と》

これもまた、ひとつの啓示であった。とはいっても、私がその啓示の意味をより深く汲めるようになったのは、もっと後年になってからであったが、そのときですらこ

の詩の最後の二行、

《行つて　お前のその憂愁の深さのほどに
明るくかし処《こ》を彩《いろど》れ》

は、やはり私の耳にはひとつの啓示のごとくに響いたのである。

詩人は、なにか大きなものを喪いつつ、それに耐えている人であるにちがいなかった。いや、単にストイックに耐えているというだけではなく、むしろその喪失を創造の出発点に据えて、「明るくかし処《こ》を彩《いろど》」ろうとして来た人にちがいなかった。事実、彼は、「夏の終り」で、あれほど見事に「明るく」、敗戦直後の虚脱と喪失感とを「彩」って見せているではないか。そうだ、詩人は、あの「夏の終り」で、戦に敗れた悲しみをうたってくれているのだ。

ふりかえってみると、私たちはそのころ、敗戦の悲しみをうたうことを許されていなかった。いや、私たちは、敗戦の悲しみを感じることを、そもそも許されていなかった。それが国を占領されていることの、もっとも端的な意味であった。私たちは、喜ばなければならなかった。日本が「民主化」され、戦犯が巣鴨につながれ、闇市が栄えて弱肉強食の自然状態がいたるところで展開されていることを。私たちは敗れたばかりではなく、敗れたことを喜ばなければならないのであった。

そういう時代に、詩人は、悲しみと喪失をうたっていた。きわめてアイロニカルに、悲しみと喪失を「明るく」うたいながら、「視野から遠ざか」ろうとしていた。

《行つて　お前のその憂愁の深さのほどに
明るくかし処《こ》を彩《いろど》れ》

これは、私という個人に対してばかりではなく、私という日本人に対する詩人の伝言であるとも考えられた。そして、また『反響』には、次のような伝言も収められていた。それは、「中心に燃える」という詩である。

《中心に燃える一本の蠟燭の火照に
めぐりつづける廻燈籠
蒼い光とほのあかい影とのみだれが
眺め入る眸　衣《ころも》　くらい緑に

ちらばる回帰の輪を描く
そして自《みづか》ら燃えることのほかには不思議な無関心さで
闇とひとの夢幻をはなれて
蠟燭はひとり燃える》

つまり、「明るくかし処《こ》を彩《いろど》」るためには、人は「自《みづか》ら燃え」ればよいのであった。
そう詩人は、うたっていた。

ツルゲーネフ『猟人日記』

あの下十条の古本屋の西陽のさす店先で、私は伊東静雄の『反響』のほかに、何冊かの忘れがたい本にめぐり逢うことができた。

たとえば、ツルゲーネフの『猟人日記』、そしてジャン・コクトオの『怖るべき子供たち』。これらはみな戦前に出た新潮文庫で、いまの文庫本よりひとまわり判型が大きく、波に四隻の帆船をあしらった表紙の色とデザインも、現在のものとは全く趣きを異にしていた。

因みに、手許にある『猟人日記』(下)は昭和十二年十月一日発行で、定価五十銭、『怖るべき子供たち』のほうは、昭和十一年十月二十日初版発行、昭和十四年三月十五日十五版発行で、定価三十銭と記してある。そして、古本屋がこの東郷青児訳の『怖るべき子供たち』につけた値段は、表紙裏に小さく鉛筆で記された数字によってみると、五十円である。

しばらく書庫の整理を怠っているために、『猟人日記』の（上）がどうしても見当らないので、はっきりしたことがわからないが、おそらくこちらのほうは、上下二冊で百四十円くらいのものではなかったかと思われる。そのころ、翻訳ものの新刊文芸書は、大体二百円内外の定価がついていた。私が愛読したルナールの『博物誌』や『にんじん』は、昭和二十五、六年の発行で、定価百八十円である。

さて、ところで、当時はまだ外国文学の翻訳が、現在とは比較にならないほどの比重を持っていた時代であった。しかし、私が、古本も新刊もひっくるめて、ほとんど翻訳ものしか読まなかったのは、いまから考えれば、やはり文芸雑誌というものを読む気持になれなかったからにちがいない。私は文学が好きだったが、戦後の文芸雑誌には反撥しか感じなかった。もちろん綜合雑誌の文芸欄も覗いて見ようとはせず、芥川賞が復活したのちも「文藝春秋」を手にとって見ようともしなかった。

したがって、当然、私は、新聞の文芸時評や文壇消息にもいっこうに関心を持ち得なかった。いわば私は、そうすることによって、いわゆる〝戦後〟の文学と思想の外側に身を置いていたことになる。頑なに、〝戦後〟の文学と思想を拒んでいたというのではないけれども、自分の感受性の選択にしたがって本を選んで行くと、おのずからそういう結果になったのである。

そのうちに、英語やフランス語の力がいくらかついて来るにつれて、翻訳ものは次第に原書に席を譲って行ったが、こういう読書の態度は、実は私が「三田文学」の編集を手伝うようになるまで、続いていた。つまり、私は、編集の手伝いをするという実務上の必要が生じるまで、文芸雑誌や文芸時評とは無縁の生活をしていたのである。そして、「三田文学」編集部の仲間入りをする前に、私はこの雑誌に「夏目漱石論」を書いていた。「夏目漱石論」は、いうまでもなくその後東京ライフ社から『夏目漱石』という標題で本になり、現在『決定版夏目漱石』（新潮社刊）に収められている私の処女作だが、私はこの処女作を文芸雑誌と無縁の生活をしているうちに書いたということになる。

それにしても、と、私は不思議な気持になる。それにしても、どうしていまの若い人たちは翻訳ものの外国文学を読まなくなってしまったのだろう？　新制大学の数がふえるにつれて、大学の外国文学科の数もふえ、研究者の数も学生の数もふえているはずなのに、どうして外国文学は文学のよろこびの不可欠の一部ではなくなってしまったのだろう？

そして、また、たとえば岸田国士のルナールの翻訳といったような、翻訳そのものが確実に文学を感じさせる翻訳が、なぜ姿を消してしまったのだろう。そういえば、戦後の文学論争のなかには、『異邦人』論争というのがあった。広津和郎氏と中村光夫氏が、カミュの『異邦人』をめぐって論争を交したあのころには、まだ窪田啓作訳の『異邦人』や白井浩司訳のサルトルの『嘔吐』は、日本の文壇の中央に近いところに位置していた。それが、いつの間に、なぜ、こういうことになってしまったのだろう。

だが、私は、翻訳ものしか読まなかったといっても、こういう同時代の外国文学に関心があったのではなかった。サルトルもカミュも、得心が行ったという気持で読んだのは、高校三年のころ、結核で寝ていたあいだであり、サルトルについていえば、その著作のなかに自分の問題を感じたのは、英訳の『ボードレール』を読んでからであった。英訳で読むかぎり、それは少くとも日本の〝戦後〟の一部ではなくて、その外にあるものと感じることができたのである。

あの、下十条の古本屋の店先で、二冊本の表紙の変色した『猟人日記』を見つけ、それを古新聞に包んでもらって帰って来た、昭和二十三年秋ごろの私は、とにかくそれほど強く〝外〟の世界に脱け出したいと切望していたのだろうと思われる。〝外〟の世界とは、もちろん日本の外の世界でもあった。占領下にあるために、日本人は国外に出ることを許されず、この禁令がいつになったら緩められるのか、見通しは皆無というにひとしい。だが、だからこそ私は、その不可能の〝外〟に存在する世界に接したかった。

それと同時に、この〝外〟の世界は、地図の上に存在するどこか、ではないのかも知れなかった。言葉を媒介させずに、胸を噛みつづけるあの渇望だけによって一挙にそれを求めるとすれば、この〝外〟は、地上には存在し得ない他界だということになり、実は私はこの他界をこそ切望していたのかも知れなかった。

だが、幸いにも、私の前には渇望を癒してくれる言葉があった。米川正夫訳で私に語りかけて来るツルゲーネフの言葉は、そのころ私の周囲からにわかに奪われてしまったもの——自然を、この上なく豊かに描き出してくれていた。

《それから秋ふけて山鷸《やましぎ》の飛んで来る頃ともなれば、この森の美しさは格別である！山鷸は森の奥ふかく籠らないので、森の縁《ふち》を辿つて捜さなければならない。風もなければ陽の目もさゝず、光もなければ陰もなく、動きもなければ音もない。柔かな空気の中には酒の匂ひのやうな秋の香が漲つてゐる。かすかな霧が、遠く黄ばんだ畑の上にかゝつてゐる。露《あらは》になつた鳶色の木立ちを透かして、ぢつと澱んだ空が和《なご》やかに白く見える。菩提樹の枝にはところ〴〵、散り残つた黄金《きん》色の葉がかゝつてゐる。湿つた地面は踏む度に弾力を帯びて撥ね返すやう。丈の高い枯れ草はそよともしない。長い蜘蛛の糸が色あせた草の上に光つてゐる。胸は穏かに息づいてゐるが、心の中には不思議な不安が襲つて来る。森の縁《ふち》に沿つて、犬の跡を見まもつてゐる中に、懐かしい姿、懐かしい顔、亡き人、生ける人の俤が記憶に浮かんで来る。疾くの昔に睡り果ててゐた印象が思ひがけなく眼ざめて来て、想像が鳥のやうに飛び立ち翔けめぐつて、何も彼もがはつきりと動き出し、眼の前にぴつたり停まる。心臓は急に戦いて鼓動を早め、烈しく前へ突き進まうとするかと思へば、思ひ出の中に深く沈んで帰ることも忘れてしまふ。長い生涯が絵巻物のやうに、苦もなくすら〱と繰り拡げられる。あらゆる過去、あらゆる感情、力、自己の魂、すべてが残りなく自分の有に帰して、四辺《あたり》には何一つ妨げになるものがない——陽もなければ、風もなく、物音もない……》(「エピローグ・森と曠野」)

このような秋の自然に、私は後年、ソ連を訪れたとき出逢った。それは、モスクワからヤースナヤ・ポリヤーナまで遠出したときのことで、自動車はときどきこのような森をつっ切って走った。しかし、それはたしかに『猟人日記』の一節を思い出させるものではあったが、正確にいえばやはり同一のものとはいえなかった。なぜなら、ツルゲーネフが描いているのは、ロシアの自然であり、そのロシアという国は、もうこの地上から消滅してしまっていたから。

だからこそ、私は、まずツルゲーネフに〝外〟の世界への手がかりを見出したのかも知れなかった。そこでは、存在するものと存在しないものが微妙に交錯し合い、日本の〝外〟とも〝他界〟ともつかぬ場所を求めつづけている私の渇望に応える歌を、唄ってくれていた。米川正夫訳の訳文には、独特の癖と臭みがあり、そのすべてが好きになるというわけにもいかなかったが、それでも私は、その行間からツルゲーネフの旋律を聴きとることができるように思っていた。

いずれにしても、この二冊本の『猟人日記』が、そのころ私の所有していた自然のすべてであった。眼をあげて、空を仰がないかぎり、十条仲原の帝銀社宅の周囲には、自然らしいものはなにひとつなかった。そして、空が美しく色づく日は稀であったので、私はむしろ眼を伏せて、〝外〟の世界からの言葉と沈黙の会話を交わすことのほうが多かった。

こういう〝外〟の世界の感覚は、日本が国際社会に復帰し、海外旅行が日常茶飯事になるにつれて、急速に喪われていったのかも知れない。それと同時に、外国文学というものも、われわれの心の底にひそんでいる渇きを癒すものではなくなり、単なる文学的情報でなければ、新しい文学的意匠のカタログに過ぎぬものになってしまったのかも知れない。そうだとすれば、あの閉された時代に〝外〟の世界を渇望し得た私は、ずいぶん幸運な人間であった、ということになりそうである。

ルナール『にんじん』『博物誌』

I

古本屋のことを書いたから、ここらでそのころ新刊書を買いに行った本屋のことを書いておきたいと思う。

その本屋の名前も、私は忘れてしまった。しかし、それは十条銀座と呼ばれている商店街のなかほどにあって、さして大きくはないけれども、いつも活気のある店だった。

あるいは、その活気の源泉は、若主人の魅力のある笑顔にあったのかも知れない。この人が、早稲田大学の学生だということを知ったのは、ふとしたきっかけからだった。

あるとき、友人から「時間」という詩の雑誌があることを聞いて、どんなものか見

ておきたいと思い、若主人にたずねたところ、彼は、

「うちには置いてありませんが、そういえば学校で、誰かが持っているのを見かけましたねえ。手に入ったら、取って置いてあげますよ」

といったのである。

ああ、この人は大学生なのか、と親しみを感じて、

「学校は、どちらですか？」

と訊くと、

「早稲田です」

という返事であった。

実際、彼は、それから数日後に「時間」を私の家まで届けてくれた。「お代は？」と訊くと、「級友が不要になったのをもらって来たのだから、いりません」といって、若主人は自転車に乗って行ってしまった。

その当時、高校生だった私に、新刊書を何冊も買うだけのふところの余裕があったわけではない。半年近く続いた父と二人の自炊生活は、もうとうに終っていて、帝国銀行ももとの三井銀行という名前に戻り、肋膜炎から脊椎カリエスになって、動かせないままに祖父の隠居所に一時身を寄せていた義母も、大分前に弟妹を連れて鎌倉か

ら十条に移って来ていたが、それでもまだ寝たきりの生活が続いていた。

したがって、そんな私がその本屋のよい顧客だったはずはないのに、若主人はどういう考えからか、いつも私に逢うと愛想よく微笑みかけてくれたし、小さな詩の雑誌を見つけ出して、わざわざ届けてくれるという無償の好意まで示してくれたのである。私は、それが商人のお世辞ではなくて、どこか友情に似たさりげない暖かさであることが、ひどく嬉しかった。

ところで、岸田国士訳のルナアルの『にんじん』は、この本屋で買った本である。『にんじん』ばかりではなく、『博物誌』も『ルナール日記』も、ルナールはみなこの本屋で手に入れたのである。

現在私は、書庫というほどのものではないが、二箇所に本の置場を持っている。その一つは、マンションの五階にある住居のなかにあり、もう一つは一階に別に借りている鰻の寝床のような小部屋で、こちらにはふだんあまり必要のない本と、未整理の寄贈本などが雑然と積み上げてあるのだが、ルナールはこの小部屋の一番上の棚に、埃をかぶって並んでいる。

最近、こと新しく気がついたことだが、そのうち『にんじん』は〝ルナアル〟となっており、『博物誌』と『日記』では作者の名前が〝ルナール〟となっている。そして、『日記』は、全七巻のうち四巻までしか揃っていない。

あのころの私は、そういえばよくこういう本の買い方をしたものだ。それは、ふところ工合のためだったこともあり、続きものを揃えているうちに、いつの間にかそれを卒業してしまったような気持になったからという場合もあったが、いずれにしても私は、全集や叢書をきちんと揃えて行くことに満足を覚える、というような、そういうお行儀のよい読書家ではなかった。

私はただ、時勢とも文壇の流行とも無関係に、手当り次第に自分の心に響き合うものを求めて、あれこれと濫読をつづけていたにすぎなかった。そして、『ルナール日記』についていえば、私はそれを新刊書で読みはじめる前に、一冊だけ戦前に出た本を下十条のあの古本屋で手に入れて、その魅力にかなり深くとり憑かれていたのである。

いったい今日、あのころの私のような本の読み方をしている若い人々がいるだろうか、と考えることがある。時流にも、文芸批評家のいうことにもまったく無関心に、ただ自分の嗅覚だけを信じて古今東西の書物の森のなかを逍遥してみよう、という若い人々が？　それも、教養を身につけて優越感を味いたいというさもしい魂胆からではなく、自分の心身に重くのしかかって来る生の意味を解き明したいが故に、そうせずにはいられない若者たちが。……

私は、そういう若者たちが、やはりいるに違いないと思い、またいてほしいと思っている。そうでなければ、読書というものは知的な冒険ではなくなり、われわれの感情生活はいくらでも貧しいものになってしまうだろうから。

『にんじん』を読みたい、と思ったきっかけが、下十条の古本屋で入手して今はどこかにいってしまい、その巻数すら覚えていない戦前版の『ルナール日記』にあったのか、それともかつて叔母の一人が、

「淳《あつ》ちゃんて、ほんとに『にんじん』か『胡椒息子』みたい」

といったことがあったのを、記憶のどこかにとどめていたせいだったのか、その辺のところはどちらともいえない。

叔母は多分、岸田国士訳の『にんじん』を読んだのではなくて、この小説を脚色したフランス映画の印象から、そういったのだろうと思われる。一方、私はこの映画を観ていなかったが、映画を観るまでもなく、白水社版・岸田国士訳のルナール『にんじん』には、原著に添えられているのと同じヴァロットン筆の挿絵がはいっていた。

それだけではない。焼け残った戦前の紙型をそのまま使ったものと覚しく、昭和二十五年二月十日発行で定価百八十円のこの本は、なつかしい総ルビ付の本だった。つ

まり、ある意味で、この新刊書は、戦前から戦後に持続して流れる時間のなかに生きていたのである。

『にんじん』で、私がなにより好きだったのは、にんじんとその父親のルピック氏との会話、あるいは往復書簡である。寄宿舎にはいっているにんじんとその兄のフェリックスのところへ、ある日思いがけなくルピック氏が訪ねて来る。兄弟は、狂喜して飛びついて行くが、ルピック氏は兄のフェリックスを抱き寄せて接吻するのに、にんじんが父親に接吻しようとすると、「逃《に》げるやうに、つんと頭《あたま》を持《も》ち上《あ》げてしま」うので、うまくいかない。

《……彼《かれ》は、空間《くうかん》に接吻《せつぷん》をした。それ以上《いじやう》やらうとはしない。彼《かれ》は、もう、気持《きもち》がこぢれ、一体《いつたい》なぜこんな待遇《たいぐう》を受《う》けるのか、そのわけを知《し》りたいと思《おも》つた。

——おやぢは、もうおれを愛《あい》してはゐないのか知ら。と、心《こゝろ》の中《うち》で呟《つぶや》いた——

……》

ところが、そうしているうちに、別れなければならない時が来た。

《にんじんは、それを心配《しんぱい》しながら待《ま》つてゐたのである。

――今度《こんど》は前《まへ》よりうまく行《ゆ》くかどうか、ひとつ、やつてみよう。おやぢは、おれが接吻《せつぷん》するのを厭《いや》がつてゐるのか、それが、今《いま》いよいよ、さうかさうでないかがわかるんだ。

そこで、意《い》を決《けつ》し、視《し》線《せん》をまともに向《む》け、口《くち》を上《うへ》へ差《さ》し出《だ》して、彼《かれ》は、近《ちか》づいて行《ゆ》く。

が、ルピック氏《し》は、また、容赦《ようしや》なく、その手《て》で彼《かれ》を遮《さへぎ》り、そしてかう云《い》つた――

「お前《まへ》は、その耳《みゝ》へ挟《はさ》んでるペンで、しまひにわしの眼《め》へ穴《あな》をあけるぜ。わしに接吻《せつぷん》する時《とき》だけは、何処《どこ》かほかへしまつてくれることはできんか？　わしを見《み》てくれ、ちやんと煙草《たばこ》は口《くち》からとつてるぢやないか」

にんじん――あゝ、御免《ごめん》よ、父《とう》さん……。ほんとだ。僕《ぼく》がうつかりしてると、何時《いつ》、どんな間《ま》違《ちが》ひをしでかすか知《し》れないね。前《まへ》にも、誰《だれ》かにさう云《い》はれたんだよ。だけど、このペンは、僕《ぼく》の耳《みゝ》んとこへ、それやうまく挟《はさ》まるもんだから、しよつちう、そのまゝにしとくのさ。で、つい忘《わす》れちやふんだ。全《まつた》く、ペンだけでも外《はづ》さないつて法《はふ》はないね。あゝ、僕《ぼく》、ほんとに、うれしいや。父《とう》さんは、このペンが怖《こは》かつたんだつていふことがわかつて……。

ルピック氏――こね野郎《やらう》！　笑《わら》つてやがる、わしを眼《め》つかちにし損《そこな》つて……。
にんじん――う、ん、さうぢやないんだよ、父《とう》さん。僕《ぼく》、ほかのことで笑つてるんだよ。さつきから、また、僕流《ぼくりう》の馬鹿馬鹿《ばかばか》しい考《かんが》へを起《おこ》したからさ、この頭《あたま》ん中《なか》へ……。》

このルピック氏のなかに、ルナール自身の父親の姿が、どの程度反映しているのかは、興味深いところである。ルナールの父親は、一八九七年（明治三十年）、息子の有名な一幕物の戯曲『別れも愉し』が初演された年に自殺している。そう思って、次のルピック氏の訓戒を読むと、そのあまりに動《ゆる》ぎのない残酷な真実の響きが、胸に突き刺って来る。

《ルピック氏――そんならだ。い、か、にんじん、幸福《かうふく》なんていふもんは思《おも》ひ切れ！　ちやんと云《い》つといてやる。お前《まへ》は、今《いま》より幸福《かうふく》になることなんぞ、決《けつ》してありやせん。決《けつ》して、決《けつ》して、ありやせんぞ。
にんじん――いやに請合《うけあ》ふんだなあ。》

それから二十六年たった今でも、やはりルピック氏の言葉は、少しも動ぎのない真実として、私の胸の奥深い場所に浸み通って来るのである。

II

一八九三年といったら、明治二十六年のことである。その年の一月二十二日の『日記』に、ルナールは、ポツリと、

《＊去年非常に有名だつた作家。》

と書いている。

また、彼は、同じ日の『日記』に、

《＊君は読み返されるやうなものを書かうと苦心してゐるといふのか？　そんなら、先づ、読まれるやうなものを書くやうに心掛け給へ。》

とも、

《＊一人は――

――僕の本は売れる。つまり、才能があるわけだ。

もう一人は――

――僕の本は売れない。つまり、才能があるわけだ。》

とも、書いている。

もっとも、そういったところで、私は、はじめてルナールの『日記』を読みふけった高校生のころから今日まで、二十五、六年間もずっと、これらの箴言風の言葉を覚えていたというわけではない。

これらは、最近、久しぶりで『日記』のページをめくっているうちに、ふと眼に飛び込んで来た数行というにすぎないが、若い頃、それも十代の後半に、こういう言葉に接したことがある功徳というものは、やはり、私の心のどこかに影響をのこしているように思われてならない。つまり、これらの箴言は、なによりも、〝ひとりよがりになるな〞ということを、さりげないかたちで教えているからである。

若い時分に、〝ひとりよがりになるな〟といっても、無理な相談だというのが、今日の世間の雰囲気なのかも知れない。それどころか、青春とは、誰はばかるところなくひとりよがりになり得る時期だというのが、一般の通念になっているのかも知れない。しかし、どういう理由でか、これらの簡潔な箴言は、若い時分の私の内部の、かなり深いところまで浸透して来た。そして、たしかにそのまま外へ出て行かずに、今までそこに収っていたのだ、というふうに感じられるのである。

おそらく、多くの人々にとっては、青春というものは、いくらひとりよがりになっても必ずそのうちにバランスを回復できる、一寸した眩暈のようなものであるにちがいない。しかし、世の中には、そうでない人間もかなりいて、ほっておけば眩暈から覚めずに一生を過してしまう、ということにもなりかねない。私は、自分が、明らかに後者の一人であることを自覚していて、そういう自分をやすりにかけたいと感じていた。皮膚が赤むけになるまで、やすりにかけて、ヒリヒリする感覚を手がかりに、自分のなかに外気を導入したいと考えていた。

なぜそうしなければいけないと思ったのかは、あまり説明しやすくない。もちろん、私は、眩暈こそが文学だ、覚めなければ覚めないほど都合がいい、と、考えることもできたはずだからである。そう考えなかった一番深い理由は、それでは自分が生存を

維持できなくなる、と感じていたためであるように思われてならない。なぜ、それな
ら、生存を維持しなければならないか？ と、自問してみると、単にそう思いつづけていなければ、そのまま消滅してしまいそうだという危機感が、心の底に澱んでいた
からだ、とでもいうほかはなくなってしまう。

ところで、このあいだ古山高麗雄氏に聞いたところによると、ルナールの『日記』
は、宮崎嶺雄氏が下訳をして、岸田国士がそれに丹念に朱を入れるというかたちで、
翻訳されたものだそうである。いうまでもなく、古山さんは、私の親しい友人だが、
岸田国士のお弟子筋にあたる人で、「季刊藝術」に連載されて好評だった『岸田國士
と私』は、新潮社から出版されている。

「でも、『にんじん』や『博物誌』は、岸田先生が自分で訳されたのでしょう?」

と、そのとき、私は訊いた。

「ええ、あれは自分でやりましたね。しかし、岩波文庫のカザノヴァの『回想録』の
ほうは、ぼくの後輩の××君が訳して、これは先生、あまり筆を入れなかった。岸田
先生という人は、困っている弟子がいると、平気で名前を貸しましたからねえ。翻訳
だけじゃなくて、小説を書かせて、自分の名前で娯楽雑誌に出して、稿料を稼がせて
やることなんか、なんとも思っていなかった」

と、古山さんはいった。

そうだろうな、と、私は思った。もし、そういってよければ、岸田国士という人も、いつもそうして自分をやすりにかけていた人だったのかも知れないな、と。

古山さんは、また、こういう話もしてくれた。

「……翻訳は、本当にうまかったですね。絶品、といっていいものがありますものね。でも、劇作家としては、先生は、いろいろな型を日本に紹介しなければならない、という意識が強すぎて、自分でなければいえないことをいわずに終ってしまった、という憾みがなくもないですね。そういう意味では、先生は、ひどく不幸だったのかも知れないな」

私は、古山さんと話しながら、自分がいかにも不思議なめぐり合わせに置かれているように、思いはじめていた。

『にんじん』や『博物誌』や、それからあの『日記』を耽読していたころの二十五、六年前の私は、いかにも自分をやすりにかけて、生存を維持していかなければならないと、おぼろげながら決心してはいたけれども、さりとてそれからさき自分が四半世紀も生き延びて、岸田国士のお弟子だった古山さんと、親しい友達になり、こんな話を交すようになろうとは、夢にも思っていなかったからである。

だから、本というものは、思い出をさきどりするものだと、いえるのかも知れない。われわれは、いつかそのうちにめぐり合って、親しくなる人々とそれについて話し合うために、本を読むのだ、と。岸田国士訳のルナール『博物誌』のことを思い出しながら、古山さんと話しているうちに、私は、ふとこんなことを考えてみたりもしたのである。

さて、ところで、ボナールの挿絵のはいったこの『博物誌』の「まへがき」に、岸田国士は、こう書いている。

《西欧には、わが俳文学の伝統に類するものは皆無だと云つていいが、この「博物誌」をはじめ、ルナールの文学のなかには、いくぶんそれに近いものがありはせぬか、といふことを、私は嘗て「葡萄畑……」の序文のなかで指摘した。ルナールの簡潔な表現、といふよりは寧ろ、その「簡潔な精神」が、脂肪でふとつた西欧文学のうちにあつて、彼を少くとも閑寂な東洋的「趣味」のなかに生かしてゐると云へば云へるだらう。「蟋蟀」「樹々の一家」などその好適例である。》

私は、「ながすぎる」という『蛇』や、「大人になつた兎」という『驢馬』にも魅せられたが、やはり『樹々の一家』というのが好きだった。それは、こういう短い文章である。

《太陽の烈しく照りつける野原を横切つてしまふと、初めて彼等に遇ふことができる。

彼等は道のほとりには住まはない。物音がうるさいからである。彼等は未墾の野のなかに、小鳥だけが知つてゐる泉のへりを住処《すみか》としてゐる。

遠くからは、はいり込む隙間もないやうに見える。が、近づいて行くと、彼等の幹は間隔をゆるめる。彼等は用心深く私を迎へ入れる。私はひと息つき、肌を冷やすことができる。然し、私には、彼等がぢつとこちらを眺めながら警戒してゐるらしい様子がわかる。

彼等は一家をなして生活してゐる。一番年長のものを真ん中に、子供たち、やつと最初の葉が生えたばかりの子供たちは、ただなんとなくあたり一面に居並び、決して離れ合ふことなく生活してゐる。

彼等はゆつくり時間をかけて死んで行く。そして、死んでからも、塵となつて崩れ落ちるまでは、突つ立つたまま、みんなから見張りをされてゐる。

彼等は、盲人《めくら》のやうに、その長い枝でそつと触れ合つて、みんな其処にゐるのを確める。風が吹き荒んで、彼等を根こぎにしようとすると、彼等は怒つて身をくねらす。然し、お互の間では、口論ひとつ起らない。彼等は和合の声しか囁かないのである。私は、彼等こそ自分の本当の家族でなければならぬといふ気がする。もう一つの家族などは、直ぐ忘れてしまへるだらう。この樹木たちも、次第に私を家族として遇してくれるやうになるだらう。その資格が出来るやうに、私は、自分の知らなければならぬことを学んでゐる——

私はもう、過ぎ行く雲を眺めることを知つてゐる。

私はまた、ひとところにぢつとしてゐることもできる。

そして、黙つてゐることも、まづまづ心得てゐる。》

特に、私は、このおしまいの三行が好きだった。当時の私が「知つてゐる」といえるのは、このなかで、「過ぎ行く雲を眺めること」ぐらいのものだったが、人間もまた、樹木と同じように、「ゆつくり時間をかけて死んで行く」ことができるという認識は、私にやすらぎをあたえた。生存を維持しなければならない、と考えるから、ヒリヒリするのだ。「ゆつくり時間をかけて死んで行く」と、考えればいいのだ、と、私は思いはじめていた。

コンラッド・エイケン『静かな雪、秘かな雪』

I

N先生が、アメリカ留学から帰って来られたのは、たしか昭和二十六年（一九五一）の秋ではなかったかと思う。

その頃、私は、学校を休学していた。この年の四月におこなわれた健康診断で、肺浸潤に罹っていることが発見され、そのまま療養生活にはいらなければならなくなったからである。

義母が、肋膜から移行した脊椎カリエスのために、病床についたままになっている家のなかで、もう一人病人が出るのは少々余計であった。普通の例であれば、こういう場合には療養所に入院し、肋骨を取って胸郭整形をするのが当時の流行だったが、私はこの道をたどらせてはもらえなかった。

それは、ひとつには、この当時の結核療養所がいつも満員の状態で、そうおいそれとは入院が叶わないという事情があったためにちがいない。しかし、それと同時に、それは父が、病院や療養所というものに対して、いわくいいがたい不信の念を抱いていたためでもあった。

父は、また、結核を外科手術で治すという考えかたにも、はじめから信用を置いていなかった。したがって、私は、自宅で化学療法のみに頼って療養するということになったのである。

そのころは、まだストレプトマイシンが健康保険の対象になっていず、闇でなければ手にはいらない時代で、父はメルクというアメリカの製薬会社のストレプトマイシンを、二十本ほどどこかから探して来た。これを近所の医者に頼んで注射してもらうほかは、黙って漫然と寝ているしか方法がない。隣の部屋には義母が病臥しており、私はしばしば身の置き所に窮せざるを得なかった。

学校も、受験勉強も、級友たちも、にわかに遠いところに行ってしまっていた。同じ病気をするにしても、これは小学生のころの病気とはわけがちがった。あのころは、少くとも、治らなければいつまでもブラブラしていればよかったが、今度はそうは問屋が卸さない。四、五年ののちには社会に出て、独立の生計を営まなければならないと、ひそかに心に決めていた矢先に病気にとりつかれたのだから、私のショックは小さくはなかった。

天井を眺めて、枕元の古ラジオで進駐軍放送のクラシック音楽を聴きながら、私はときどき考えた。自分は、漠然と考えていた人生のさき行きを、まったく変更しなければならないのかも知れない。ひょっとすると、人生という名に値するものすら、自分には拒否されているのかも知れない。病気になる前でさえ、私は、志望の大学にはいって、しかるべき職に就いて、というふうには、自分の将来を考えたことがなかった。それではどんなふうに考えていたのか、と訊かれると、返答に窮するけれども、もともと曖昧だった見通しがさらに曖昧になり、そもそも見通しそのものがあり得べからざることのように思われて来たのである。

いまから振り返ってみると、私は、そのころ、やはりまだ敗戦と、それに続く生活環境の激変からもたらされた眩暈から、立ち直っていなかったのだろうと思われる。混乱しているところへ、さらに病気による混乱がつけ加わったので、眩暈は一層激しくなり、私は途方に暮れた。なによりも、他人の力を借りず、なんでも自分でやって行かなければならない、そうしたい、と思っていたことが実現できなくなりそうで、辛くてかなわなかった。

そんなわけで、私は、N先生がアメリカから帰って来られた当座のことを知らない。先生は、ガリオア留学生というのの試験を受けて合格され、たしかミネソタ大学に行かれたのだったが、そのころ私は、N先生から英語を教わったことがなく、色白で小柄な、少し陰気な先生だなという程度の印象しか持っていなかった。

それでも、私は、N先生が出発される直前に、講堂で挨拶をされたときのことを覚えていた。校長の紹介によれば、先生は西洋古典学を研究される予定で渡米されるということであった。まだ占領中のことだったから、これは異例の留学で、N先生の学力の非凡さを立証する事件だったが、その割には先生の挨拶は陰々滅々としていた。ひょっとすると、この人は、船でアメリカに着くまでに、海に飛び込んでしまうのではないか、と思わせる響きが、その語調のなかにはあった。

だから、昭和二十七年の春、まだフラフラしながら一年ぶりで復学して、英語の時間に教室にはいって来られたN先生を見た私は、思わず眼を見はった。先生は、見違えるように明るく変っておられたからである。先生の授業はテキパキと歯切れがよかったが、アメリカ英語を振りまわすようなところがまるきりなくて、感じがよかった。

授業が終ると、先生は私を呼んで、

「どうだい、身体のぐあいは。無理するんじゃないよ」

と、人懐っこくいわれた。

「アメリカは、どうでした」

と、私は訊いた。

「面白かった。今度その話をして聞かせよう」

と、先生は、微笑しながらいわれた。

おそらく、先生は、病み上りの私が、新制中学からやって来た男女組の昨年までの下級生のなかにまじって、憮然としているのを憐んで声をかけて下さったのだろうと思われる。「病み上り」といっても、実状は血沈値が低くなっただけで、正確には病勢がおとろえたというにすぎず、全快にはほど遠い状態だったから、N先生は、その辺のところも見抜いておられたのかも知れない。数日後、先生は、放課後に私を新宿に連れて行き、うなぎを御馳走して下さったのである。

「君、アメリカのアイスクリームはうまいよ。牛乳の味が濃くてな。ぼくは、あのアイスクリームを喰っているうちに、人生観が変ったんだ」

先生は、ニコニコしながらそういわれた。私は、うなぎの蒲焼を黙々と食べながら、傾聴していた。

「君も知っての通り、留学するまでのぼくは、神経質な人間だった。くよくよと考える性質でね。ところがアメリカに行ってみると、くよくよも八分通りは食物のせいだということがわかった。それに、アメリカには日本にあまりいない種類の人間がいる。親切で、侠気のある人間がね。もっとも、女を侠気があるというのは、チト変かな。ぼくの、ビッグ・シスターが、そういう人間だった。……」

「ビッグ・シスターって、なんですか？」

と、私は訊いた。

「西も東もわからない留学生を世話してくれる係で、大学生が自発的にビッグ・ブラザーかビッグ・シスターになってくれるという習慣があるんだ。よそは知らないが、ミネソタではこれが行き届いていてね。それは親切にしてくれた。その親切が身に浸みるようになるころには、君、食事中尾籠な話だが、大便の質まで変って来る。量が減ってだな、チーズみたいなやつが、チョコッと出るようになる」

「ハア、大便まで変りますか」

「ウン、変る。大便が変るころには、人間も変るさ。君も、いまにアメリカに行って来るといい。ひろびろと、はればれとした気持になれるぞ。どうだい、うなぎは。うまかったろう？」

「はい」

と、私は答えた。

私は、たしかにN先生に御馳走になったうなぎの蒲焼のせいもあって、久しぶりで大分明るい気持になっていた。腹も一杯になったが、胸も一杯になりかけていた。先生は、どうしてこんなに優しくして下さるのか、よくわからないといえばわからなくもあったけれども、わかるといえば先生の気持はわかりすぎるほどよくわかった。多分、先生は、私が船から海に飛び込みそうな顔をしていると思われたのだ。そんな顔をしているのは、今度は先生ではなくて、私のほうだったのだ。

The Pocket Book of Modern American Short Stories, Edited and with an introduction by Philip Van Doren Stern というペイパー・バックの本は、そのころN先生からいただいた本である。7th printing, April, 1945 としてあるから、先生はこの本をアメリカで古本として買われたのかも知れない。

「どうだい、こういう本は。いまアメリカでは、このポケット・ブックというやつが大流行だ。日本でいえば、文庫本だね。よかったらあげるよ」

といって、N先生は、高校三年生の私にこの『現代アメリカ短篇小説集』を与えられたのである。

家に戻って、ページを開いてみると、そのなかにはむずかしそうなのもあったが、私にも読めそうなのもまじっていた。そのひとつを、私は翻訳して「星陵」という校内の雑誌に載せた。それが、私の著書のなかに再録されているウィリアム・サロイヤンの『故郷に帰る』である。しかし、翻訳こそしなかったけれども、そのころの私の精神状態にいちばんぴったりしていたのは、コンラッド・エイケンの『静かな雪、秘かな雪（*Silent Snow, Secret Snow*）』という短篇小説であった。

II

コンラッド・エイケンの『静かな雪、秘かな雪（*Silent Snow, Secret Snow*）』は、そのポケット・ブック版の『現代アメリカ短篇小説集』の、一五六ページからはじまって一七七ページで終っていた。

つまり、これは、わずか二〇ページ余りの短い小説である。因みにこの小説の前には、F・スコット・フィッツジェラルドの『バビロン再訪』が、そしてすぐあとには、アースキン・コールドウェルの『スエーデン人だらけの土地』が収録されていた。

私が『静かな雪、秘かな雪』を読んでみようと思ったのは、やはりN先生が、

「こいつは面白いよ。とにかくsubtleだからな」

という感想を洩らされたからだったように記憶している。私は、この"subtle"という日本語になりにくい言葉の語感を確かめるためにも、あまり取りつきのよくなさそうなこの短篇を、とにかく通読してみようと思い立ったのである。

ところが、いったん読みはじめてみると、この小説は意外にはいり易かった。それは、ひとつには、これが十二歳の少年の白昼夢の世界を描いた小説だから、というせいもあったにちがいない。少年はもちろんアメリカ人であり、ポール・ヘイズルマンという名前をあたえられていたが、この小説は別段名前がものをいう小説ではなかった。そして、この少年の世界が身近なものに思われて来ると、それが英語で描き出されているということすら、さほど気にはならなくなっていった。

ある朝、彼は、突然ひとつの秘密を持つようになる。この秘密は、彼にたしかな所有の感覚をあたえると同時に、それに保護されているという感覚をもあたえる。それは雪の秘密——この少年の眼にだけ見え、この少年の上にだけ降りかかる雪の秘密である。

ある十二月の朝、起きがけに寝床のなかでまだ眼をつむったままでいるとき、少年は毎朝やって来る郵便配達の足音が、今日はいつもと少しちがっていることに気がつく。それはいつもより柔かで秘やかであり、なにかに包まれているような足音になっている。リズムは同じでありながら、今朝の足音はやすらぎと静けさ、遠さ、冷たさ、そして眠りを感じさせるのである。

少年は、そのとき即座に、昨夜のうちに雪が降ったのだと思う。だからこそ郵便配達の足音はなかなか聴えなかったし、聴えるようになってからもかすかな音になっていたのだ。今日は一日中雪かも知れない。雪が降りつもり、あたりがだんだん静かになって行くのだ。

しかし、眼を開けて窓の外を覗くと、屋根の上にはさんさんと陽光が降り注ぎ、街路はあらわに輝いていた。その意外さにおどろいたにもかかわらず、このときから少年のなかには、自分のまわりには雪が降っていて、世界と自分のあいだには一枚の新雪の紗幕がかかっているという不可思議な感覚が生れて、そのまま持続するようになる。

雪は、教室のなかでも降りつづいている。ミス・ビュエルの授業を聞きながら、ポールは教壇と自分とのあいだに降っている秘密の雪に耽溺する。雪だけが見えて、ミス・ビュエルの地理の授業がわからなくなるというのではない。その証拠に、当てられればポールはちゃんと答えることができる。しかし、彼の心を甘美さで充たし、酔わせているのはあのやすらぎにみちた〝静かな雪〟なのだ。

この雪が降り出してから二日目か三日目の朝、ポールは母親にいわれた。

「どうしたっていうの、いったい？　なにをいっても耳にはいらないみたい」

でも、なんといってこのことを、お母さんやお父さんに説明したらよいのだろう？　いつも食卓で交わされる日常的な会話や、教室での勉強と、あの〝静かな雪、秘かな雪〟とでは、くらべものにならない。なぜならその美しさはなにものにも喩えようがなく、どんな言葉でもいいあらわしようがないから。それは他人に伝えようのないもの、それでいていままで知っていた世界よりはるかに深く、はるかに素晴しい新しい世界だから。

そのうちに、二日目よりは三日目、三日目よりは四日目と、朝眼覚めたときに降り積っている雪は深まり、郵便配達の足音は一層かすかなものになって行く。最初の日の朝には、それは坂道になっているこの通りの一番上手の家あたりから聴えはじめたのに、一週間経った今朝は、すでに七番目の家の数歩上手に来てようやく聴えた。ポールが、この七番目の家がほかならぬ自分の家だという事実に気がついたのは、下校の途中、なんの気なしにその通りの家を上手から数えてみてからである。それまで彼は、自分の家の十三番というハウス・ナンバーに気をとられていて、それが同じ側の七番目の家だということを知らずにいたのである。

そのとき、少年は、大切なものを奪われてしまったような、漠然たる不安の念にとりつかれる。それでは、明日からはもう郵便配達の足音は、聴えなくなってしまうのだろうか？　静かな、秘かな雪の中を次第に近づいて来て、物音の聴える世界の範囲を日毎日毎に狭めて行くあの足音を数える愉楽は、もう二度とやって来ないのだろうか？

夜になると、少年の家には医者がやって来る。異様な白昼夢に耽っていて、いながらにしてどこか遠くへ行ってしまったようなポールの様子は、両親の心をひどく悩ませていたからである。

「さあ、いってごらん。なにか心配事があるんじゃないの？」

と、医者は作り笑いをしながらいう。

しかし、ポールはそのときでさえありありと見ている。純白の雪片が渦巻き、逆巻きながらこの応接間に降りしきっているのを。雪は、応接間だけにではなく、食堂にも降っている。薄暗い物陰では、それはより優しく、より静かに降り積って行くようだ。彼は答える。

「……いいえ、別に」

「本当に確かかい、お前？」

という、父親の声が聞える。おだやかな、しかし冷たい声だ。要注意の声だ。

「すぐに答えなくてもいいんだよ。私たちは君を助けてあげようと思っているんだからね。よく考えてごらん、ほんとになんともないかどうか。いいね？」

なんという粗野な頭なのだろう。あり来りの、日常茶飯の世界に縛りつけられているこの人たちの凡庸な頭といったら！　これほど明瞭な証拠をつきつけても、きっとわかりはすまい。

「どうしてそんなことというの、心配事なんかなんにもありません。あるわけがないじゃない」

ポールは医者の眼を見つめて、笑い声を立てる。医者の顔には、混乱した表情が生れ、作り笑いは消えてしまう。

「ぼくは、考えてるだけなんだ」

「考えてるって、なにを？」

「いろいろなこと」

そういって、また笑い声を立てた少年が、ふと母親の顔を見ると、母親は恐怖の表情を浮べている。これはいけない。お母さんが心配していることはわかっていたけれども、これほどまでとは思わなかった。それでは、ちょっとしたヒントをあたえておこうか。

「雪のことを考えてるの」

「なんということだ！」

という、父親の声が聞える。

「ねえお前、雪ってなんのことなの？」

これは母親の声だ。医者は言葉もなく少年を見つめている。

「只の雪さ。ぼくは雪のことを考えるのが好きなんだ」

「もっとよくお話し、いい子だから」

「だってそれだけだもの。話すことなんかなにもないや。雪ってなんだか知ってるでしょう？」

ポールは怒ったような声でいう。

「お母さん、ぼく寝室に行ってもいいでしょう？　頭が痛い」

「だってお前、さっきはなんでもないって……」

「いま痛くなったんだ。いろいろ質問したりするんだもの。いいでしょう、お母さん！」

「先生の御診察が終り次第ね」

「いまちゃんとやってしまったほうがいいとは思わんのかね？」

父親の声だ。罰を加えるときの、凛々とした恐い声だ。

「ねえ、あなた。そんなふうにおっしゃっても――」

そのとき少年は、三人が突然沈黙したことに気がつく。三人は怪物でも見るように少年を見つめている。少年は立ち上り、寝室に駈け上り、ベッドに入る。部屋中はもう雪でいっぱいだ。雪が渦巻きながらささやいている。「耳をお澄まし。この白い闇のなかでは、もうなにも見えないからね」

あとを追って来た母親に、少年は叫ぶ。

「お母さんなんか、いっちまえ！　大嫌いだ！」

そして雪は轟音をあげて渦巻きながら、少年の上に降りつもり、なおもやすらぎと静けさ、はるかさ、冷たさと眠りを告げつづける。……

……いまから思えば、私は、この〝静かな雪、秘かな雪〟のイメージが、なにがしかの性の暗示を秘めた死のイメージであることに陶酔を感じていたにちがいない。そして、疑いもなく、私はそのころ性よりも死にはるかに近いところにいたのである。

キャサリン・マンスフィールド『最初の舞踏会』

なにがきっかけで、私はキャサリン・マンスフィールドを読み出したのだったろう？ そんなことを考えながら、私は、ペンギン・ブックス版の『園遊会（*The Garden Party*）』のページを、めくるともなくめくりはじめていた。

そのページには、明らかに時の経過が痕跡をとどめていた。四隅は黄色く変色し、扉には茶褐色の斑点がいくつも浮き出ている。なにしろ昭和二十七年（一九五二）に出た本なのだから、すでに二十五年という時間が介在していることになる。この本がいまだにバラバラにならずに、こうして一本の体裁をなしているのが不思議なくらいだ。いや、八年間に八回引越しをしたあのころに、よくどこかへ行ってしまわなかったものだ。

そうするうちに、なにかが私のなかで閃いた。『最初の舞踏会（*Her First Ball*）』という表題が、眼のなかに飛び込んで来たのである。『最初の舞踏会』！ そうだ、これがはじまりだったのだ。そうであれば、私にマンスフィールドという英国の女流作家のことを教えて下さったのは、やはりあのK先生だったのだ。

「いいですねえ、マンスフィールドは。……*Her First Ball* なんか、なんともいえないものね」

こういって、K先生は、抜衣紋のように着た背広から、首を前に突き出し、煙草の煙を吐き出して、その行方を追うような眼付をされた。昭和二十七年の初夏のころの、都立日比谷高校の一隅である。

このK先生については、いままでに何度か書いたことがある。K先生はN先生より前、旧制中学の三年のころに私の英語の担任だった先生である。一時健康を害されて他の学校に移っておられたが、いまはまた日比谷高校で英語科の主任をしておられる。数年前一高時代の恩師アイヴァン・ベル先生が、淋しく帰英されるにあたって救援運動を主唱され、新聞や週刊誌にK先生のお名前が出たこともある。

とにかく、そういっただけではなくて、K先生は、研究社の注釈本の *Her First Ball* を私に貸して下さった。それが面白かったので、マンスフィールドのほかの作品も読みたくなって、私はこのペンギン版の『園遊会』を見つけて来たのだと思う。どういうものか、教科書用の注釈がついてしまうと、どんな作品でも白墨臭くなって魅力が半減する。マンスフィールドが魅力的であればあるほど、私はそれを普通の版で読みたくなっていた。

そして、この本を見つけた場所は、丸善でも紀伊国屋でもなくて、銀座の教文館の洋書部であった。そのころ私は、教文館の洋書部に行って、ふところぐあいにかかわらず洋書を見ているのが好きだった。キリスト教に格別の関心があったわけではなく、この場所にいつも人の気配が少いのが気に入っていたのである。

ところで、いまから振り返ってみると、高校三年のとき八年ぶりで結核が再発し、一年間学校を休んだということは、かなり決定的な影響を私の人生に与えたように思われる。私はこれを、かならずしも世俗的な意味でいうのではない。つまり、あのとき病気をしていなかったら、役人になっていただろうとか会社員になっていただろうというような意味でいうのではない。そうではなくて、自分と死との関係が、にわかに深いものになったという意味で、この時期に決定的な重味がありそうだというのである。

あのころから私は、死が確実に自分のなかにはいりこみ、その一部を成しているという感覚を持つようになった。そうであれば生きるということは、いわば死を間断なく育てることにほかならない。この感覚を身内に感じながら眺めていると、時代というものはいつの間にか消滅し、人生すらにわかに稀薄になって行くように思われて来る。どうしてそのような私が、時代の〝問題〟と称するものを掲げた文学にかかずらって、すでに測られている時を空費する必要があるだろう？　どうして刻々と翔び去って行く時そのものの羽ばたきに、耳を傾けていてはいけないのだろう？

私がマンスフィールドに惹きつけられたのは、彼女の短篇小説のなかから、たしかにあの時間の羽ばたきが聴えて来るからであった。私は、二十五年前に教文館の洋書部で見つけたペンギン版の『園遊会』の、『最初の舞踏会』のところを開くと、久しぶりでそれを音読してみた。子音の発音に気をつけながら、文章に内在しているリズムにつとめて身を委ねるようにして。

そうすると、名状しがたい戦慄が身内の奥深いところから湧き上り、私はたしかに、時が水鳥の羽音のようなものを颯々とはためかせて、次々と飛翔して行くのを感じた。それはいうまでもなく、マンスフィールドの生のなかを死が通過して行く音であった。それを聴いていると、ある悔恨に似たものが、私の胸を噛みはじめた。それは久しぶりでこの羽音を聴いたもののおどろきであり、またしばらくこの羽音を聴かずにいた者の悔恨であった。私の胸は、知らぬ間に熱いものに充たされはじめていた。

『最初の舞踏会』は、一見他愛もない少女小説のように見えなくもない小説である。

田舎育ちの少女リーラが、都会に住むシェリダン家の従姉妹たちに連れられて、最初の舞踏会に出かけて行く。なにしろ一番近い隣人が十五マイルも離れているというような、片田舎で育った娘である。高原の一軒家で、月夜の晩に聴えて来るものといったら、梟の子の声ばかり。寄宿女学校でダンスを習ったことはあるけれども、それまで一度も舞踏会などという晴れがましい場所に出かけたことはなかったのだ。……

しかし、そんなふうにプロットを紹介したところで、この短篇についてはなにも語ったことにならない。私は、それから二年後に『マンスフィールド覚書』というエッセイを書き、それは私の書いた最初の批評文になったが、そのなかで大学生だった私は、次のようなことをいっている。

《……最も些末な少女趣味が最も重大で厳粛な主題と対比され、生の無意味さと死の重み——そして死の重みを秘めた生の美しさが、浮彫りにされる。……殊に「最初の舞踏会」での哀愁と歓喜の波動する交錯において、彼女の意図は殆ど完璧に達成されているといってよい》

リーラの舞踏会の手帖には、さまざまな若い男たちの名前が書き込まれるが、そのなかに一人だけ頭の禿げた肥った中年男が交っている。舞踏会の手帖を見くらべて、あまり長いあいだモタモタしているので、リーラは辞退しようとしたのだけれども、この男は何故か自分の名を書きつけて行ったのだ。

夢見心地で次々と踊りつづけ、休憩して戻って来ると、この禿げの肥った中年男が待っていた。この男の踊りかたといったら、踊るというよりは歩くといったほうがいいくらいだ。しかし、

「はじめての舞踏会ですね？」

と、向うからいってくれたのは、この中年男が最初だった。若いパートナーたちは、

「この床は滑りすぎますね」

とか、

「先週の舞踏会にはいらっしゃいましたか？」

というようなことをいうばかりで、いくらリーラが、

「いいえ、今夜が最初の舞踏会ですの」

と説明しようとしても、ろくに耳を傾けてくれようともしなかった。どうしてわかったのだろう、これがリーラの最初の舞踏会だということが？

「ああ、年の功というやつですよ。なにしろ過去三十年間、こういうことをしている

んですからな」

と、男は答えた。三十年間！ リーラが生れる十二年も前から。リーラの眼には、今更のように男の禿げた頭が映った。

「でも、素敵じゃございませんこと？ 今でもこうして踊っていらっしゃるなんて」

リーラが慰めるようにいうと、男はリーラを少し引き寄せて、ワルツの一節をハミングしながら、恐るべき真実を語りはじめる。変らないものは、ひとつもないのだ。もうじきに、リーラは舞台の上で舞踏会を見ている老婆《シャペロン》たちと同じになってしまう。美しい両腕も寸づまりの肥った腕に変り、拍子をとる扇さえ不吉な黒い扇になってしまう。そして隣の老婆に向って、クラブの舞踏会で不良男が自分の娘に接吻しようとしたときの話を、くどくどと話しはじめるようになる。そのときには、もう誰もリーラに接吻したいと思う者はいないのだ。

肥った中年男の話を聞いているうちに、リーラのさっきまでの昂奮と陶酔は、うたかたのように消え去ってしまう。彼女は踊をやめて、唇を嚙みしめ、もう田舎の家に帰りたいと思いはじめる。なんていやなことをいう男なのだろう、なにもかもが滅茶苦茶になってしまった。

だが、そのとき、泣き出しそうなリーラの前に若いパートナーがあらわれ、彼女は踊りはじめる。踊るうちに、哀しみと孤独と時の暴威への想いはいつしか拭い去られて、彼女はパートナーとぶつかったあの中年男が「失礼！」といったとき、もうそれが誰だったか覚えていない。そして彼女は、恐るべき真実を教えてくれた禿げの肥った中年男に、輝くばかりに微笑みかける。……

その微笑みに、私はもっとも印象的な翔り行く時の羽ばたきを聴いたのである。

『マンスフィールド作品集』

ペンギン・ブックス版の『園遊会』につづいて、私はそのころ一冊のハード・カヴァーに収められたマンスフィールドの作品集を見つけた。それは *The Collected Stories of Katherine Mansfield* という部厚い本で、版元はコンスタブル、私が入手したのは一九五三年（昭和二十八年）の版である。

この本を手に入れたころには、私は大学生になっていた。多くの人々にとっては、人生の新しい地平線が開けるような時期であるはずの大学への進学は、私にとっては決して心の躍るような経験ではあり得なかった。

まず私は、病臥こそしていなかったけれども、ほとんど病人というに等しかった。慶応の文学部に入学して間もなく、体操の時間に肺活量を測らされたことがあったが、どんなに息を吹き込んでも、肺活量計の針は級友たちの半分くらいのところで止ってしまった。それに加えて、義母の脊椎カリエスには少しも軽快の兆候があらわれず、私は自分の健康の回復にのみ気をつけていればよい、というわけでもなかった。妹や弟はまだ幼いのに、父の停年が数年後に迫っているというのも、考えてみれば重苦しいことであった。

「おれが停年になる年に、お前が大学を出ることになっている。まあ、うまくできているな」

と、父は、以前機嫌のいいときによくそんなことをいっていた。ひょっとすると、それは私が小学生のころからの、父の口癖だったかも知れない。

しかし、そうだとしても、当時父が考えていたはずの停年後の生活設計は、敗戦後の経済変動のためにまったく成り立たなくなっていたし、私が休学してしまったために、父が停年退職するのと入れ替りに、都合よく社会に出るというふうにもいかなくなっていた。

それに、父が私の就職する先をどのように想い描いていたとしても、私が入学したのは文学部であり、そのころの文学部の卒業生といったら、教師になる以外に就職口は皆無というにひとしかった。だが、いったいどこに結核の既往症のある人間を採用してくれる、物好きな学校があるというのだろう?

そんなわけで、ともかく重苦しい大学生時代のはじまりであった。とはいうものの、私が二六時中こういった状態を苦にして、絶望していたというわけでもない。どの大学に進むにしても、文学部以外の学部に進むなどということは、一度も考えたことがなかったからである。今から思えば不思議なようでもあり、当り前のようでもあるが、だいたい私は有利な就職のために大学に入るとは、一度も考えたことがなかった。のみならず受験勉強というものが、本当の勉強のうちにはいるとも、考えたことがなかった。

大学で勉強をするために、まず受験勉強をするところからはじめなければならないというのは、明らかに精力の浪費である。そんなことに時を費すためには、人生は少し短かすぎると、私は感じていた。それくらいなら、はじめからこれが勉強だと感じられるものだけに没頭していたほうがいい。

こういう考えかたが、戦前戦後を通じての日本の社会で、実は甚だしい異端に属するということにすら、私は少しも気づいてはいなかった。そこでは人々は、よくいえばもっと〝堅実〟な、ありていにいえばもっと露骨に功利主義的な考えかたを、大学に対して抱きつづけているように見える。だが、そのことを私が悟ったのはもっとのちになってからであって、父も別段私に異端であることを気づかせてはくれなかった。彼は、この点について私を支持しているようにも見えなかったけれども、とり立てて批判がましいこともいわなかったからである。

そういえば父は、一言だけ教訓めいたことをいったことがあった。大学にはいって間もなく、つまらない講義が多いと私がぼやいていると、

「大学というところは教えてもらうところじゃあない。自分で計画を立てて勉強するところだ」

といったのである。それはたしかにその通りだと、私は納得せざるを得なかった。

このように、私は、お先まっ暗ななかを、それが自分にとってもっとも自然な状態だと思いながら、ふらふらと歩きはじめていた。そういう私が、高校時代にはじめて接したキャサリン・マンスフィールドの世界に、やや深入りするようになったのは、おそらくそれがもっとも明晰なかたちに反時代的なものを切りとっているように思われたからにちがいない。

同じマンスフィールドを読むにしても、ペンギン・ブックス版で読むのと、部厚いハード・カヴァーで読むのとでは、手触りもちがえば、作品の奥行きもちがって見えた。やがて私は、初期のマンスフィールドが、反時代的どころか骨の髄まで時代の毒に侵されていた、気障な植民地生れの文学少女だったことを知った。それはいうまでもなく、オスカー・ワイルドと「イエロウ・ブック」の毒——つまりあの世紀末文学

の毒であった。

その臭気ふんぷんたる世界が、次第に透明になり、やがて『園遊会』の見事な諸短篇に結実して行くのは、なにかが彼女の毒を吸収したからにちがいない。そのなにかは何だろうと思って読み進んで行くうちに、私は、それが彼女自身の死にほかならないことを知った。マンスフィールドの内部で死が育ちはじめるにつれて、彼女を侵していた時代の毒は次第にその死に吸い取られ、作品世界には際立って澄んだ雰囲気が漂いはじめる。つまり時代に出逢うことによって出発したこの文学少女は、人生に出逢うことによって小説を書きはじめ、自己の死に出逢うことによってはじめて彼女のみの書き得る世界を発見し得たのである。

私は、この小さな女流作家の小さな作品世界のなかに、このような変化の過程があまりに鮮かに描き出されているのを見て、ほとんど茫然とした。小さな世界ではあるが、それは露の珠のように完結し、震えながら円環を閉じている。もっと大きく見える作家が、時代にしか出逢わないこともあれば、人生に出逢ってそこで停止してしまう作家も数多いというのに。

そのとき私は、ふと思いもした。それなら私自身は、これからどういう道を歩んで行くのだろう、と。多分自分は、人生に出逢うより前に死んでしまうだろう、マンスフィールドとは逆に、死に出逢うところから出発して、人生に出逢うよりさきに実際に死ぬにちがいない。したがって、私が時代に出逢うことなどは、絶対にあり得ないにちがいない。……

このように考えると、重苦しいはずの大学生の生活は、あまり気にならなくなりはじめた。就職の可能性がないことが苦にならないのは、私が就職することなど絶対にないからであり、父の停年が迫っていることが切実に感じられないのは、そのときには私が確実に存在しないはずだからだ。いわんや私がものを書くなどということも、ないままに終るにちがいない。私は好きな本を――それはなぜかマンスフィールドをはじめとして、英国の女流作家であることが多かったが――読むだけで、自分に終止符を打つことができるにちがいない。

それほどにも私は、この日本の戦後という時代に生きて行くことに、気が進まなかった。生きて行くためには旺盛に生きなければならず、闇屋のようなこともしなければならないらしかったが、自分にその適格性がないことは、高校時代に試みた消火器販売のアルバイトが失敗に終ったことからも明らかであった。しかし、旺盛に生きようにもそのための肉体的条件が消滅しかかっているとすれば、私は厭なことをせずに済むのである。

日比谷高校のときの級友安藤元雄が、同人雑誌をやるから仲間に入らないかといって来たのは、私がひそかにこのようなことを考えていたときであった。安藤は私といっしょに休学して、新制中学上りの男女組のなかで肩身の狭い思いをし、元来のクラスメートたちから一年遅れて東大の文科二類に進んでいた。もともと雑誌をつくる趣味があり、芝白金の伝研の筋向いにあった安藤の家に行くと、二階の廊下に小さな印刷機が据えつけてあって、彼はそれで私家版の散文詩風物語を刷り上げ、洒落たポケット判の本をつくったりしていた。

安藤元雄が〈PURETÉ〉というフランス語の表題をつけたこの同人雑誌は、だいたい詩の雑誌になるはずだったが、やはり巻頭にはなにか散文がほしいというので、私はエッセイを書くことを依頼された。だが、おそらく安藤よりはもともと病気の状態がよくなかった私は、そのころ身体が熱っぽくて面倒なものを書く気になれず、アフォリズムめいたものを書いてお茶を濁すつもりで、いいかげんな原稿を送って責を果したことにした。

するとある日、安藤が私の家にやって来て真剣な顔でいった。

「こんなものじゃなくて、もっとちゃんとしたものを書いてくれなければ困るじゃないか。創刊号の巻頭なんだから」

その意気込みにびっくりして書いたのが、『マンスフィールド覚書』である。この題も安藤がつけてくれた。雑誌が出ると、意外にも「詩学」に短評が出た。その短評は、私の『マンスフィールド覚書』をとり上げてくれていた。私は予期しないなにものかに、出逢ってしまったのかも知れなかった。

『露西亜三人集』

その春は、ひどくけだるい春であった。昭和二十九年（一九五四）の、『マンスフィールド覚書』が活字になった春である。

学年末の休暇中に、外出して帰宅すると従弟が来ていた。しかし、

「やあ、いらっしゃい」

と挨拶をしただけで、私は自分の部屋にはいり、蒲団を敷いてそのなかにもぐり込み、襖越しに、

「ちょっと失礼。一時間ほど眠るからね」

と声を掛けて眼を閉じた。

私と話をするのを愉しみにしていたにちがいない従弟に済まないなという思いと、どうしてこんなに疲れているのだろうといぶかる思いとが、こもごもに一瞬頭を横切ったが、疲労は重く身体の芯に浸みわたって来て、頭までが痺れているように感じら

れた。間もなく私は眠ってしまった。

眼が覚めてみると、全身に盗汗をかいていた。幾分かは気分がよくなっていたので、起上ってあたりを見まわした。もう夕方で、従弟はとうに帰ってしまったらしかった。無礼なことをした、きっと怒っているだろうという罪悪感が、まだ痺れののこっている頭脳の奥に点滅していた。

隣室には、カリエスを病んでいる義母がギブス・ベッドに寝たきりになっていて、その傍にはいつも妹と弟がいた。

「ずいぶん疲れてるんですねえって、宏ちゃんがおどろいてたわよ。また来ますって」

と、義母はいった。

「どうしたのかな。とにかく眠くって」

と、私はさりげなくいった。しかし、私の胸の内にはひょっとしたらまた、という不安が兆しはじめていた。

だが、それがはじまりというわけではなかった。四月から、私は三田の英文科に進み、日吉での教養課程とはちがって、三田山上にアカデミックな雰囲気が感じられることに精神の刺戟を受けていた。二年から三田に行けるというのは、文学部の学生にだけ許された特権であった。

　入れ替りといったようなかたちで亡くなってしまったので、折口信夫先生の謦咳に接することはできなかったが、そのころの三田には幾人もの巨大な存在が、いわばマンモスのように悠々と草を喰んでいた。奥野信太郎、西脇順三郎、厨川文夫、佐藤朔というような名前が、ここでは生身の教授たちの姿に化身して、私たちに接することになっているのであった。

学ばなければならぬこと、しなければならぬことが多すぎるように思われた。「言語学概論」の井筒俊彦助教授は、いつもチョークを二三本持っただけで教室にあらわれ、インド・ヨーロッパ語はおろか中国語からアラビア語までを縦横に駆使して、流れるように意味論の講義をされた。

私は、井筒先生の講義に魅了された。このような頭脳が存在し得るということ自体が、私には驚異であった。そして慶応義塾という学校が、近代における日本の西洋学問の発祥の地だという意味が、こういう講義を聴いているとおのずから体得されるように思われた。

しかし、自分の周囲を見まわすと、そこには欠けているものが多すぎた。あるいは余計なものもまた多すぎるようなのであった。鎌倉にいたころには、努力さえすれば学問と自分のあいだは透明で過不足のない絆で結ばれそうに思われたが、皮肉なことに大学に入ってみると、自分がさまざまな行きがかりによって、学問から引きはなされて行くのがよくわかるのであった。

なによりも、私には時間が欠けていたし、健康も欠けていた。もし学問というものが、知的努力の積重ねの上に打ち立てられるものだとしたら、その前提となる未来の時間への信頼を、私は持ちようがないのであった。その反面で、いわゆる〝後顧の憂い〟というものが、私には少々多すぎるように思われた。しかし、日々のこととしてみれば、そのどれもが学ばなくてよい理由にはならなかった。学ぶことは、やはり欠けているものや多すぎるものを、そのときだけ忘れさせてくれたからである。

六月のある朝、顔を洗っていて、私は突然胸許に生温いものが込み上げて来るのを感じた。洗面器の中を見ると、それは血の色に染っていた。

「ついにまたやったか。今度は厄介だぞ」

と、私は思った。喀血のときには、血が出るだけ出してしまわなければならぬことを私は知っていた。そのときもう一度、なまぐさい、生温いものが口一杯にこみ上げて来た。洗面器の中の血の色が際立って濃くなり、同時に一瞬視界がぼやけた。喀血のショックと血を失ったのとで、私は軽い貧血をおこしたのである。

われに返ると、私は汚れた洗面器を水ですすいで、まだ出勤前だった父に、

「少し血を吐いた」

と告げた。

「血を吐いた？」

父はまじまじと私の顔を見ていた。私は正視に耐えぬ思いで肯いた。

「馬鹿な奴だ。あれだけいっておいたのに注意が足りないからだ」

と、父はつぶやいた。

なんと罵倒されてもいたしかたないと、私は思っていた。

「洗面器をすぐ消毒しておいて下さい」

と、私は父に頼んだ。

誰も好きこのんで病気になるのではない、などということは、この場合なんの言い訳にもならない。そのことを、私はすでに骨身に浸みて知っていた。

病気になることは、私の場合、明らかに一つの悪をおかすことであった。三間しかない銀行の社宅の一と間には、カリエスを病む義母が寝たきりになっている。台所に隣接した三畳には、お手伝いの老女が起居している。のこりの一と間は私の勉強部屋に当てられていたが、そこにもまた私が病臥するということになれば、この小さな家

の空間には病気が充満して、健康な人間の呼吸する場所がなくなってしまう。

それればかりではない。病気は伝染の危険というかたちで、父や弟妹の生命をおびやかすだけではなく、もっと複雑な、重苦しいかたちで彼らの人生を喰い荒すのである。そのこともまた、すでに私は二年前の経験から痛切に知っていた。だからもう絶対に病気にはならないようにしようと思っていたのに。なにがどうなろうと、私が病臥するというような事態にだけはならぬよう、注意に注意を重ねなければならないと思っていたのに。

数日後、私は病勢の静まるのを待って、信濃町の慶応病院に出かけた。X線写真をとってもらって、とにかく病状についての診断を受けなければならなかった。

「君は塾内進学？　それとも外部から？」

と、ヨットでもやりそうな若い日焼した医師がたずねた。

「外部からです」

と、私は答えた。

「ふうん、そうかい。それじゃよく身体検査で落されなかったな。だから間接撮影はだめなんだ」

と、医師は細い棒をとり上げて、ライトのスウィッチを入れ、私の肋骨のかたちが浮び上っているX線写真のある箇所を指した。

「いいかい、ここに空洞があるだろう。ここから病巣が拡がって、血管に当ったから喀血したんだ。血を吐くこと自体は、当人はショックを受けるけれどもそれほど大したことじゃない。呑み込まなければいいんだ。しかし、問題はこの空洞だな。培養してみたら、かならず菌が出ていると思わなければならない。血沈値も六〇だから、かなり高いしね。すぐ切って、整形してしまうんだね」

医師は、こともなげにいって、私を顧みた。

「切るんですか。すぐに入院させていただけますか?」

と、私はおずおずと訊いた。義母と私と、一家で二人も病臥するという状態は、もうたくさんだった。それに開放性の結核と決れば、弟妹のことを考えなければならなかった。

「入院するって、ここへかい? 冗談じゃないよ。ベッドがみんなふさがっていて、ウェイティング・リストが出来ているんだ。どこかほかを当ってもらうしかないな」

と、医師はいった。

「そうですか。それほど混んでいるんですか」

私は屈辱を感じながらいった。入院するといっても、今の父にその余裕があるかどうかはわからなかった。だが、空洞を潰して胸廓整形をしなければならないのなら、自宅で処置ができるはずはない。

慶応病院を出ると、六月の日射しがまぶしかった。子供の頃、祖母に連れられて信濃町で省線電車を降り、品川駅行きの市電に乗換えて青山墓地まで墓参りに行ったことがよくあった。

その市電はいまでは都電と名前が変り、やはり墓地下から霞町に向って走っている。あのころからずいぶん時間が経ち、時代が変ったのだと私は思った。国電を乗り継いで十条の社宅に戻ると、私はぼんやりと書棚をまさぐって、一冊の本をとり出した。そのタイトルには、『露西亜三人集』と記してあった。

チェーホフ『退屈な話』

その『露西亜三人集』は、やはり新潮社の「世界文学全集」のなかの一冊で、私はそれを下十条の例の古本屋で見つけて手に入れたのだった。いまではどこかに紛れ込んでしまったこの本のジャケットには、ゴーゴリの『タラス・ブーリバ』のコサック会議の場面が描かれていた。私はしばらく、屈強な男たちのさまざまな表情が重り合ったそのジャケットの絵を眺めていた。

さし当り入院の出来るあてはなく、病気の行くさきがどうなるのか見当もつかない。そういう動きのとれない状態に陥ち込んだ自分と活字のあいだをつなぐものは、どこにも見出せそうもなかった。

すり切れかけた畳の表、書棚の上にうっすらと積った埃、天井のしみ——それらがいつにない鮮明な姿をあらわして、私を取り囲んでいた。あまり遠くない将来に、私もこのようなものの仲間入りをすることになっているのかも知れない。すでに私は、人と人とのあいだからずり落ちて、もののひとつになりかけているのだ。だからこそものは、いつもは隠していて人目に触れさせぬなまなましいかたちを、私の前に顕わして見せたのだ。……

このようにものの側に立って言葉を見直してみると、言葉はいつもとはちがったふわふわしたものに見えた。言葉が、いかにすぐれて人と人とのあいだを往き来しているものであり、そのような言葉で書かれた書物というものが、いかに親密にかつ排他的に人と人とのあいだに存在しているかが、そのときの私には痛いようによくわかった。

それなら書物は、ものになりかけている私には、おそらく無縁の代物になってしまったはずであった。もちろん書物のなかには、ものに浸み入るような言葉で書かれた書物もあるにちがいない。しかし、私には、書物を開いてそういう言葉を探すだけの気力がなかった。私は『露西亜三人集』のページを開かずに、そのまま函の中に戻した。

ところで私は、結局入院するということなしに、自宅で病臥する生活を繰り返すことになった。病床がすぐに見つからなかったからでもあるが、父が外科手術によって結核を治療するという当時の流行に、強い不信を表明したからである。

「胸廓整形などというのは、いまのはやりだ。肋骨を何本も取って、身体をいびつにして、それで結核を治療したつもりになっているのは、医者の自己満足にすぎん」

父は頑固にこう主張した。それに彼は、入院させるという考えかたを、ほとんど病的に嫌悪していた。だから亡母も、一度も入院せずに大久保百人町の自宅で息を引取った。あのころ父に母を入院させるだけの余裕がなかったとは考えられないから、やはり彼は家族を病院の手に委ねるのが、よほど嫌いだったのにちがいない。

そうかといって父は、医学そのものを信用していないというのでもなかった。その証拠に父は、しばしば、

「おれは銀行なんぞに勤めずに、医者になっていればよかったなあ。そのほうがよほど性に合っているからな」

と述懐していた。少くとも家族の病気に関する限り、父は医者の診断より自分の判断のほうがつねに正しいと信じていたのである。

そんなわけで、私は入院させられずに、ストレプトマイシン、パス、ヒドラジッドの三薬併用の化学療法で、自宅治療をするという方法を命じられた。結核患者の数が多かった昭和二十年代末期の厚生省の結核行政はまことに能率的で、二年前には闇で

しか入手できず、高価な米国製のものに限られていたストレプトマイシンも、すでに国産されて健康保険の指定薬になっていた。ヒドラジッドという新薬も、この二年間に開発されて市販されはじめていた。

いまから考えれば、父の判断は結局正しかったというほかない。私の結核は、一度も身体にメスを入れぬうちに進行が止り、そのまま年を経るにつれて固って、米国に留学する直前に聖路加病院でおこなわれた厳重な検査の結果、治癒していると認められるまでになったからである。

しかし、それはずっとのちになってからの話である。そのころの私は、二年前と同じように安静度表にしたがって病臥するという生活をはじめながら、希望というようなものを持つことができずにいた。そのかわりに、人と人とのあいだからずり落ちて、いものの中にはいってしまったという失墜の感覚が、いつまでも意識の中心を占めつづけた。

私は、もうほとんど言葉を発することさえなかった。天井を見詰めながらじっと寝ているだけの毎日は、次第に耐えがたいものになっていったが、さりとて私はこの状態をどうすることもできないのであった。

襖一枚をへだてた隣室では、義母がギブス・ベッドに横たわっていた。このような家族のなかで、いつ治癒するという見通しも立てられぬままに、ただ毎日寝ているのは重苦しいことであった。枕元には本が置いてあったが、読む気にもなれなかった。言葉はすべて軽すぎるか、さもなければ仰々しすぎるかのいずれかに見えた。私はただ、枕元の古ラジオで進駐軍放送のクラシック音楽を聴くのにわずかの慰藉を見出していた。

そのうちに、私は、音楽もまた大部分が軽すぎるか、仰々しすぎるか、あるいは誇張が多すぎるかのどれかに帰着することに気がついた。いつ聴いても心が静まるのは、モーツアルトとショパンだけであった。つまり、モーツアルトとショパンだけには、いものに浸透して来る音があるように感じられた。

梅雨が明け、夏がやって来ると、病臥したきりの生活はさらに耐えがたくなった。それでも七月のうちはまだよかった。八月十五日前後の蒸暑い夜になると、日頃の重苦しさに十年前に日本は敗けたのだという想いがかさなって、私はこうしていることにどんな意味があるのだろうという、ふとした疑問にとり憑かれた。

『露西亜三人集』のページを開いてみたのは、そういう寝苦しい八月の夜半のことである。そこには、秋庭俊彦訳のチェーホフの短篇が十二篇と、原久一郎訳でゴーリキイの『どん底』と『チェルカッシュ』、さらに原久一郎訳のゴーゴリの『タラス・ブーリバ』と『鼻』が収められていて、私はそのすべてをすでに何度か読んでいた。ゴーリキイもゴーゴリも読む気にはならないので、私の眼は同じ病に悩んだことのあるチェーホフの短篇の字面を、いつの間にか追うともなく追いはじめた。

そうするうちに、『退屈な話――或る老人の手記から――』という表題の記されたページまで来たとき、私は先きに進むことができなくなった。それは翻訳であるにはちがいなかったが、そこには軽々しくも仰々しくもない言葉があり、その言葉はあり来りの言葉を受けつけなくなっている私の心のもっとも深い場所に沁み入り、いつまでも消えない波紋を描きはじめたからである。

前に記した通り、この『露西亜三人集』はその後二十数年のあいだに何度も引越しているうちにどこかに紛れ込んでしまい、いくら探しても出て来ない。そこで私は、この稿を書く前に記憶を新たにするために書庫の隅から中央公論社版の『チェーホフ全集』をとり出して来て、同じ作品を読み直しかけた。それは『チェーホフ全集』では『わびしい話』という表題に訳されており、訳者は故神西清氏で、おそらく語学的にも文学的にも、秋庭訳よりはるかにすぐれたものにちがいないと思われた。

しかし、やはりこの神西訳の『わびしい話』からは、あのときの記憶は甦っては来なかった。どうしてもあの短篇は『退屈な話』でなければならず、本は『露西亜三人集』でなければならなかった。いま私の机の上には、新潮社の図書室から借りて来た『露西亜三人集』があり、『退屈な話』の冒頭が開いてある。それは百二十四ページである。ここからあの夜の不思議な体験がはじまったのだと思うと、私はある感慨なしにはこの見開き二段組のページを眺めることができない。……

つまりそのとき、私はここにまぎれもない人生の真実が描かれていると思ったのである。人は長生きをして、名声を得、妻や子を持ち、安定した地位と業績とに恵まれたとしても、結局この小説の主人公であるニコライ・ステパーノヴィッチのようになる。いや、そんな言葉で要約されるようなことに、私は感じ入ったのではなかった。たとえば次のような部分に顕われているいわくいいがたいものに、深く打たれたのである。

《……私は全く途方に暮れた、彼女の啜泣きに動かされて混乱して了つた。彼女は立つてゐるのが辛《や》つとであつた。

「それはまア兎に角として間食《ランチ》を遣らうぢやないか、カーチャ。」私は強ひて笑を浮べて云ふ。「もう泣くのはお止《や》め。」

そして直ぐに私は沈んだ声で附け加へる。

「私はもう直《ぢ》きに死ぬのだよ、カーチャ……」

「たつた一言、たつた一言！」彼女は私に両手を差出しながら、しやくり上げる。

「私、何うすれば好いのか？」

「本当に、お前は妙な娘《こ》だ……」と私は呟く。「私には分からない！　お前のやうな悧巧な女が、こんなに突然《いきなり》……泣き出すなんて……」

　私達は両方とも押し黙つた。カーチャは頭髪《かみ》を直して、帽子を被《かぶ》つて、それから手紙をくちや〳〵にして手提げ袋へ押し込んだ――そして凡てこれが沈黙の中に落ちついて行はれた。……》

　その夜、私は深く眠った。

ラ・フォンテーヌ『寓話集』

チェーホフの『退屈な話』を読んでからというもの、私はしばらくのあいだ書物を手に取りさえしなかった。

それはかならずしも、私がこの小説に〝文学的〟に参ってしまったから、というわけではない。この世の先には、なにもないのだ、という恐しい啓示が、この小説を読んでいるうちに、私をしたたかに打ちのめしたからである。

その空間は暗く、寥々としていて、風が蕭々と吹きわたっていた。しかも、そこに佇む私は一人きりで、心は悲愁にみち、どんな光を見ることもできず、誰の顔を思い浮べることもできなかった。中有の闇、というものがあるとすれば、それはこんなものなのかも知れないとも思われた。

『退屈な話』は、そういう場所へ私を連れて行き、そこに私を置き去りにした。もう少し向うまで行けば、なにかがあったのか、それともあの空間がどこまでも続いているだけなのか。いずれにしても、私は、そこまでしか知らず、そこからどんな径路を辿ってか引き返して来て、茫然としていた。

のちに私は、『老子』という古い書物を読んだ。その第二十五章には、このような文句があった。

《物有り混成し、天地に先だつて生ず。寂たり寥たり、独立して改まらず、周行して殆《おこた》らず、以て天下の母と為《な》すべし。吾、其の名を知らず。之《これ》に字《あざな》して道と曰《い》ひ、強《し》ひて之が名を為《な》して大と曰《い》ふ。大なれば曰《すなは》ち逝き、逝けば曰《すなは》ち遠ざかり、遠ざかれば曰《すなは》ち反《かへ》る。……》

この箇所を読んだとき、私は、老子もあれを知っていたのかと思い、あれは空無ではなくて、姿も声もないなにものかに充たされていたのか、とも思った。それなら私は、もう少し辛抱していれば「天下の母」に包まれていたのかも知れない。しかし、それにしても、「逝けば曰《すなは》ち遠ざかり、遠ざかれば曰《すなは》ち反《かへ》る」とは、いかに真実をうがっていることだろう。私には、そのとき、『老子』は単に黙示しているのではなくて、むしろあれを描写しているのだと思われた。

それからというもの、私は毎日天井を眺めたまま、化石になったようにじっと病臥していた。そのうちに、父が高熱を発して、たちまち危険な容態になった。つまり、一家五人のうち、このときは三人が病臥するという状態になった。

病気というかたちで、肉親がお互いに相喰んでいる、という想いが、隣室から聞えて来る父の呻吟を嚙みしめている胸中を去来しつづけた。父を喰い荒しているのは、疑いもなく私の病気であった。義母の病気に耐えて来た父の心の糸が、その上に私の病気を背負い込んで震えながら切れかけていた。向うに行けばなにもないことがわかったが、こちらにとどまっていれば相喰みつづけなければならないのであった。

だがいったい、父も、義母も、私も、なにを求めて相喰みつづけなければならないのだろう？　それはひょっとすると、〝愛情〟というものかも知れなかった。そう考えると、私は背筋が寒くなった。なんということだろう、これは！　まだ病気になっていない妹や弟についても、この原則に例外があるはずはなかった。

父は、このまま死んで行くのかも知れなかった。もしそうなら、私は実務的なことを考えておかなければならなかった。身じろぎもせずに、天井を眺めながら、私は葬式をどうやって出すかを考え、父の死後義母と弟妹をかかえて生活する手段があるかどうかを考えた。考えることだけはできたが、それを実行するためには、少くとも私が健康を回復していなければならぬはずであった。

こうして二週間ほどが過ぎるうちに、父は幸いにも危険な状態を脱した。そのころには私も、あの茫然自失からいつの間にか一目盛だけ立ち直っていた。

今から振り返ってみると、昭和二十九年八月半ばから九月にかけての一ヶ月余りのあいだに、私のなかで確実になにかが一回転したように思われる。そのときから私は、それまでとは違った方向に歩きはじめた。チェーホフは、あるいははじめて鉄棒の逆上りができたときのようなこの回心の経験の、引き金になっていたのかも知れない。しかし、だからといって私は、チェーホフから〝文学的〟になにかを習った、というわけではなかった。

藤井昇先生が、私を見舞に来て下さったのは、ちょうどこのころのことである。藤井先生は、現在は慶応義塾大学言語文化研究所教授で、西洋古典学者として名の高い方だが、当時は日吉の文学部の教養課程で英語を教えておられた。

私は、藤井先生の最初の授業を受けたときから、この若い先生に強く惹きつけられた。この先生は只の語学教師ではない、言葉というものの重味や奥行きを知り、味わいや陰翳を愉しむことのできる人だということを、授業の終らぬうちに直観できたからである。

藤井先生のお宅を訪問したのは、それから一、二ヶ月も経ったころだったろうか。それは高輪南町の屋敷町にあって、大きな門構えのなかの焼跡に二軒の家が建っており、その一軒は先生の姉上御夫婦の家で、もう一軒が先生のお宅だったが、私は門を潜ったとたんに先生が自分の同族であることに気づいた。

つまり、藤井先生は、敗戦このかたの世相にどうしても適合できずにいる人々の一人であり、少年時代に育くまれた感受性をどう変えることもできぬために、いつも必要以上に傷つき、しかもその傷をどう処理していいのかわからずにいる人々の一人にちがいなかった。

この高輪南町のお宅で、先生は、老いて身体の御不自由な父上と、小学校に上ったばかりのお嬢さんをかかえて、やもめ暮しをしておられた。

私に、英文科に進むように勧めて下さったのも、この藤井先生である。まだ結核が再発する前のことだったが、ある日先生はこういわれた。

「君はまア仏文へ行っても、やって行けることはやって行けるだろうけれども、どちらかというと英文のほうが向いているんじゃないかな。ぼくはギリシャ語もやるけれども、ギリシャ語っていうのは、あれは仏文みたいなものなんです。ラテン語が、むしろ英文的なんです。どっちがむずかしいかっていうことになれば、これはもちろんラテン語のほうがはるかにむずかしい。英文学もそれと同じで、理窟だけじゃわからないんです。向いている人がやらなければ、いくらやったってしようがないんです」

この言葉を聴いているうちに、私は英文科に行かなければいけないような気持になっていった。

「それじゃア、英文に行きます」

と、私は答えた。

「うん、それがいい。ただし、……」

と、藤井先生はつけ加えられた。

「……ぼくがそういったからって、なんの保証もありませんよ。ぼくの学校での身分は通信教育部のインストラクターで、日吉の非常勤講師にすぎないんだからね。無責任のようだけれどね」

「そんなことは、どうでもいいです。先生のお話を伺っていると、なるほどそれもそうだ、仏文じゃアなくって英文のほうが向いているのかも知れないっていう気持になって来ましたから」

先生は、肯いていわれた。

「それなら結構です。かりに英文科がつまらなくたって、英文学は面白いからね」

外から慶応にはいって来た私とは違って、藤井先生は普通部からそのまま大学の英文科に進まれた方であった。そのころはまだ三十代で、ずい分お若かったのだが、私にはそれほど若い先生だという印象がなく、むしろ慶応義塾という学校の「西洋学問」の伝統を身につけると、こういう学者ができるのかという印象のほうが強かった。私は、できれば藤井先生のように「西洋学問」を勉強したい、と、そのとき考えたものであった。

小柄で、色白で、いつも紺サージの背広を着ておられる藤井先生と、蒲団の上に坐り直して対座していると、わずか数ヶ月のあいだに、自分が学校からよほど遠い所に離れてしまったような気持がして、とまどいを感じないわけにはいかなかった。

「病気のときには、こういうものがいいと思ってね」

といって、先生はカバンのなかからラ・フォンテーヌの寓話集を取り出して、私に手渡された。もちろん原書で、フランス装の本にパラフィン紙が掛けてあった。

「はい。本当に、病気のときにはこういうものがいいです」

私は、そのラ・フォンテーヌの頁を繰りながらいった。いつの間にか、私は、こういうものも本当にいいのだ、ということができるような心境になっていた。チェーホフのことは忘れられない。私はもう当分、『退屈な話』の頁を開くことができないだろう。しかしラ・フォンテーヌもいいのだ。

藤井先生は、そう内心でつぶやいている私を、黙って見ておられた。とにかく病気を治さなければならない、と私は思った。

『漱石全集』

まだ病気が治ったというわけではなかったが、翌年の春から、私は再び三田の山に通い出した。

父の見通しは的中して、ストレプトマイシンとパスとヒドラジッドの三薬併用療法は、たしかに功を奏していた。そのころまでにX線写真の所見は眼に見えて安定し、血沈もいつの間にか一桁になった。医者の話では、私の結核はいわゆる〃青年型〃で、進行も早いかわりに落着くのも比較的早いのだそうであった。

だが私は、これが正確には病勢が衰えたというにすぎぬことをよく知っていた。薬は病気の進行を喰い止めることはできる。しかし治癒するためには、体力そのものが回復しなければならず、それには何年かかるのか見当もつかない。そのあいだにひとたび薬と病気との平衡関係が崩れれば、結核菌はたちまち跳梁を開始するはずであった。実際、私の結核が一応〃治癒〃したと認められたのは、それから七年後のことで、それまで私はパスを服用しつづけていた。

したがって、私が三田の山に戻ったのは、どのような意味においても健康を回復したからではなかった。なによりも私は、家に二人の病人が臥床しているという状態を、解消しなければならなかった。病人が二人いるにしても、一人が起きて動いていられれば、二人とも病臥しているより少しはましである。医者の許可を得て、ただそれだけのために私はまた大学に通いはじめた。

それは、予期していた以上に困難なことであった。肺活量が激減していたために、三田通りから幻の門を潜って山の上に登っただけで、私は喘がなければならなかった。しばらく木陰に立ち止って、呼吸を整えてからでなければ歩き出せないのである。教室で講義を聴いているあいだは、それでも身体のことを忘れていることができたが、授業が終ると疲労と倦怠感がはなはだしく、一、二冊の大学ノートが重く感じられることすらあった。

なるほど社会というものは、健康な人間たちの尺度を基準にして成立しているものであった。立って、歩いているということが、すでに健康な人間たちの尺度に合わせることにほかならない。授業中にノートをとることもまた、健康な人間たちの尺度に適合する努力の一つであった。私は、そこまではどうにか合わせることができた。しかし、それ以上はできなかった。

三田のキャンパスの上を行き交う男女の塾生たちの姿は、私の眼には絶え間なく動いているワイド・スクリーンの上の映像であるかのように見えた。彼らのなかに、私と同じようにあれを見たことのあるものがいるのだろうか？「逝けば曰《すなは》ち遠ざかり、遠ざかれば曰《すなは》ち反《かへ》る」というあの世界の入口を？　そして彼らのなかに、私と同じように、病むことが悪であり、健康であることこそ善なのだという簡明な事実を、骨身に沁みて知悉しているものがいるのだろうか？

あるいは病むことが悪であり、健康であることこそ善なのだといえるのは、病者のみの特権なのかも知れなかった。それはもちろん病者のみが、他の病者に同情しなければならないという義務から解放されているからである。

なぜ病者は差別され、隔離され、その存在を忘れられるか。いうまでもなく、病者が醜く、忌むべきものであり、社会の存立を脅かすからにほかならない。それは社会という人間の集団の本性に根ざした淘汰作用であり、どのように〝人道的〟な価値の実現を自称する社会といえども、この淘汰作用を休止させることはできない。問題は、おそらくこの淘汰作用の抗しがたい力を感得できるのが、つねに病者の側であって健康な人間の側ではない、というところに潜んでいるにちがいなかった。

ある雨の日の午後、私は、厨川文夫教授の英語文体史の演習に出ていた。厨川先生は、渋い緑がかったツゥイードのスポーツ・ジャケットにフラノのズボンという瀟洒な服装で、ジェレミイ・テイラーの『祈りについて』というエッセイを音読しておられた。

「……The first thing that hinders the prayer of a good man from obtaining its effects is a violent anger, and a violent storm in the spirit of him that prays. For anger sets the house on fire, and all the spirits are busy upon trouble,……」

厨川先生の発音は正確で淀みなく、この十七世紀の学僧の四六駢儷体とでもいうべき散文の特徴を、くっきりと浮上らせるように音読がつづいていた。

そのとき、突然頭から血が引くような感覚があって、黒板の前の厨川先生の姿が見えなくなった。いつ見ても趣味がいいなと、色のとり合わせの程の良さに感嘆していた厨川先生の姿だけではなくて、級友の姿も、黒板の上に書かれた文字も、黒板そのものも、なにもかもが見えなくなった。あれとは少しちがっていたが、私の視野は真っ暗になり、聴覚も鈍って、厨川先生の声も次第に遠のきつつあった。

「済まないけれど……」

と、私は隣に坐っていた級友にささやいた。

「……医務室に連れて行ってくれないか。急に眼が見えなくなったんだ。なんにも、見えない。……」

「なんにも見えない？」

級友の声が、それでも厨川先生の声よりは近く聴えた。私は肯いて、立とうとした。しかし、続いて立ち上った級友に支えられなければ、立っていることができなかった。

「……気分が悪くなったようです。医務室に連れて行って来ます」

私を支えながら、級友は先生に説明していた。

授業中なのに、しかも一番大事な授業の最中なのに……と、私は、霧のかかったように朦朧とした意識の末端で思っていた。しかしそうしながら、私は、

「……見えない、なんにも見えない……」

と、つぶやいていた。そういう私を、級友のNは、かつぎ上げるようにして医務室に運んでくれた。

それは、結局は脳貧血の発作にすぎなかったらしい。医務室でベッドに寝かされ、気付けの注射をしてもらっているうちに、視野がふたたび開けはじめ、私の顔を覗き込んでいるNの顔の輪郭が見えるようになりはじめた。

「面倒をかけて、済まない」

と、私はいった。

「見えるか？」

と、Nがたずねた。

「うん、少し見えるようになって来た」

と、私は答えた。

「そうか。それじゃあ俺は、授業に行って来るからな」

「有難う。厨川先生にいっておいてくれないか。あとでお詫びに行きますって」

「よし、わかった。無理するな」

Nはそそくさと、医務室を出て行った。

医務室のベッドで、私は一時間余り横になっていた。そして、歩けるようになると、厨川先生の研究室にお詫びに出かけた。

「お騒せして、申訳ありませんでした」

と、私はいった。

「もう大丈夫ですか？　身体のぐあいが悪いのですか？」

と、厨川先生は、机の上の部厚い研究書から眼を上げて訊かれた。

「急に、眼が見えなくなったのです。貧血らしいので、もう大丈夫だろうと思います」

「眼が見えなくなった？」

先生は、端正な眉をひそめられた。

「……それはいけない。無理をしないで下さい」

先生は、私をじっと見ておられた。

「有難うございます。これから気をつけます」

私は、一礼して研究室を出た。足許はまだ頼りなかったが、もののかたちははっきりと見えた。失明したわけではなかったのだ、と私はひそかに安堵した。

これもまた、病者のおかす悪のもう一つの例だと私は思った。大学で学んでいる限り、教授も級友も病者を大目に見てくれる。貧血をおこして授業の邪魔をしても、次の週に演習への出席を拒否されることはないからである。しかし、いったん社会に出ればそうはいかない。いや、病者は社会に出ることすらできない。一年後には、就職に備えて学内の身体検査がおこなわれることになっているが、私がその段階で拒否されることはあまりにも明らかであった。

「三田文学」編集部にいた山川方夫から、なにか評論を書くようにという注文を受けたのは、ちょうどこのころのことである。私はそのとき、漱石について書きたいと答えはしたが、考えてみると私の手許には『漱石全集』すらないのであった。

そこで、私は、級友のKさんから、『漱石全集』を借りることにした。Kさんは有名な実業家の令嬢で、その全集は三田の先輩だった兄上の一人の蔵書だということであった。そのとき、私は、生れてはじめて、なにかを書くために本を読もうとしていた。それが自分にとってなにを意味するのか、私はまださだかには自覚していなかった。だが、書くという行為を通じてしか、病者の悪を浄化し、自分を健康にする道はないということだけは、おぼろげにわかりはじめていた。

日記から

――昭和50年5月12日～5月24日――

大学で得たもの

5月12日

一昨年の秋、東大教養学部に出講して、教室で夏目漱石の『薤露行』を読んでいるあいだに、私は、なぜ漱石がこのわかりにくい小説の枠組に、アーサー王伝説を選んだのだろう、という疑問に突然とりつかれた。

それも、なぜランスロットとグウィネヴィアの物語でなければならなかったのだろう? そんなことを考えているうちに、私は、『薤露行』がアーサー王伝説をそのまま素材とした、日本でおそらく唯一の近代小説だという事実を、やや詳細にわたって比較文学的に調べてみたくなりはじめた。

そう思うと、私の脳裏には、ごく自然の成行きとして、慶応英文科時代の恩師厨川文夫先生のお顔が浮んだ。当時、十八世紀の英国小説に関心を持っていた私にとって、古代中世英語英文学がご専攻の厨川先生は、直接の指導教授ではなかった。しかし、中世学者としての先生の厳密で妥協のない学風は、私の心に深く刻みつけられていた。

学問とは、あのようなものでなければならないと、そのころ私は自分にいいきかせたものであった。それは、私が大学で得たもっとも貴重な教えかも知れなかった。しかし、そう思いつつも、私は一度大学から離れた。

厨川先生は、その後も私がお贈りした不完全な著作について、いつも温い励ましの手紙を下さった。もしそのなかに誤りがあれば、必ず懇切にそれを指摘して下さった。その厨川先生の端正なお顔が、私の脳裏に浮んだ。

漱石とアーサー王伝説

5月13日

厨川文夫先生は、慶応を定年で退職されて、いまでは成城大学で教えておられる。そして、先生は、白村厨川辰夫の御長男である。白村が、漱石がロンドンから帰朝して、最初に東大で教えた学生の一人であることについては、私は『漱石とその時代』に書いた。そのような厨川先生と漱石との御縁のことも、同時に私の心に浮んだ。

それは、愉しい連想であった。それとともに、漱石とアーサー王伝説との関係を比較文学的に検討するということになると、どうしてもこれは文学だけではおさまりがつかず、文学と視覚芸術との相互交渉についても検討を加えなければならぬことになる。D・G・ロゼッティ、ホルマン・ハント、バーン＝ジョーンズ、ビアズレイなどという、ラファエル前派を中心とする英国世紀末の画家たちが、好んでアーサー王伝説を主題とする作品を描いており、それらはさまざまなかたちで、漱石留学中のロンドンに氾濫していたからである。

漱石の初期作品群と英国世紀末芸術との結びつきについては、八年前はじめてテイト・ギャラリーを訪れたときから気にかかっていたが、この問題解決の手がかりもまた、おそらくアーサー王伝説を中間項に置くことによって発見できそうである。もし厨川先生のお許しを得られれば、御指導を仰いで、「漱石とアーサー王伝説」という主題で学位請求論文を書いてみたい、と私は思い立った。

十七年ぶりのセミナー　5月14日

北浦和の厨川文夫先生のお宅をお訪ねしたのは、昨年三月の春休み中のある日である。

それは十七年ぶりの訪問であった。その間に、お目にかかる機会がなかったというわけではないが先生のお宅には一度もうかがっていなかった。

暖い春の日ざしの下で、洋館の部分を新しく増築した厨川邸はあくまでも明るく、ほとんど眩しくさえ感じられた。しかし、にこやかに私を迎えて下さった先生の温顔は、以前と少しも変らなかった。

たしかにお年はかなり召されたけれども、肉体の老いをそれと感じさせない精神の若々しさが、いまでも先生の周囲に凛乎とした雰囲気をただよわせている。私は、そのことを直接確かめ得たことがうれしかった。すると、不思議なことに歳月のへだたりが消えて、私は先生の学生の一人に戻っていた。

そういえば、私たちはあまり雑談をしなかった。「漱石とアーサー王伝説」の問題を、学位請求論文にまとめたいという希望をお話しすると、先生は私を励まして下さり、早速アーサー王研究の現況についてレクチュアをして下さったからである。それが終ると、先生は、「ちょっと二階に行って本を見ましょう」といって、書斎に請じ入れられた。それからの二時間は、アーサー王研究の書誌に関する二人きりのセミナーであった。私は、先生にいただいたカードにペンを走らせながら、いま自分はこの上なく幸福だ、と思っていた。

5月15日

英国の友だち

それから二ヶ月後に、私は英国にいた。国際交流基金から派遣されたのを機会に、できるだけ研究資料を集めて歩くことにしたのである。

このとき英国の研究者から寄せられた好意のかずかずは、忘れることのできないよい思い出となった。世紀のかわり目にロンドンに留学した漱石の持ち帰ったアーサー王伝説が、『薤露行』に結実したという事実は、それ自体英国の研究者の興味を刺戟するものだったのかも知れない。彼らは私を、あたかも十年の旧知であるかのように受けいれてくれた。

オクスフォード大学の学寮の客室には、旧い型のガスストーブがあった。夜分、気温が下りはじめると、私はこのなつかしいストーブで身体を暖めながら、その日の収穫をノートするのに没頭した。

若いラファエル前派の研究家ジョン・クリスチャン氏は、わがことのように熱中して、一緒になって私の調査を手伝ってくれた。ケルト文学の権威I・L・フォースター教授は、いろいろと教示をあたえられたばかりでなく、カーディフ行きの列車の時刻表まで調べて下さった。

カーディフでは、『マビノギオン』の翻訳者グウィン・ジョーンズ教授の謦咳に接することができた。この老詩人は、私を連れて街を歩くうちに道路工事の現場で足を止めて、

「見たまえ、これはローマ人の遺した城壁の破片です。なにもかもが破壊されて行く」

といった。私は、ケルト人の嘆きを聴くような思いにひたらされた。

先生の後姿

5月16日

そのとき、厨川先生は、慶応大学新研究室の教員談話室で、外国の雑誌を読みながら私を待っていて下さった。名誉教授の先生は、週に一度だけ大学院に出講しておられるということであった。

先生の坐っておられる奥まった一隅には、どことなくこの部屋の他の部分とはちがうたたずまいがあるように感じられた。それは、いわば、私が学生だったころの慶応義塾の雰囲気とでもいうべきものかも知れなかった。

英国での収穫について先生に御報告しながら教示を仰いでいると、何人かの教授が厨川先生にあいさつをしに来られた。それは私より少し先輩の人々で、現在の慶応を支えている方々である。しかし、なぜか厨川先生に対しているこの一隅では、二十年前の時間がそのまま時を刻んでいるように思われた。

やがて先生は、立ち上り、

「図書館に行きましょう」

といって、先に立たれた。

図書館の階段を続けて登るうちに、私は、先生が苦しそうな呼吸をしておられるのに気がついて、胸を衝かれた。厨川先生には、喘息の御持病があるのである。しかし、先生はかまわずに、どんどん上に登って行かれた。

そののち、論文を書いているあいだに、私は何度となくこのときの先生の後姿を想い浮べた。そしてまた、私を待っていて下さった先生の、俗事を切り断つような厳しい孤独な横顔を想い浮べた。

5月17日

学位と私

論文は、幸い慶応大学大学院文学研究科委員会の審査に合格して、私は去る三月文学博士の学位を授与された。本文五百二十枚、図版二十八点を含むこの学位請求論文は、『漱石とアーサー王伝説——「薤露行」の比較文学的研究』という題で、今秋東京大学出版会から刊行されることになった。

それにしても私は、なぜこの論文を学位審査の対象としなければならないと思ったのだろう？　多分私は、学問の普遍的な基準で、一度厳しく自分を律しておく必要を痛感していたのである。

漱石の学位辞退はあまりにも有名だが、これは当時の学位制度によって、文部省から一方的に授与された学位である。これに対して私の場合は、こちらから論文を提出して審査を請求し、その結果与えられた学位である。私は、この審査を受けるという一事を、なによりも欲していたのである。

いわばそれは、過去二十年来の私の漱石研究の普遍妥当性を問うことである。平たくいえば、それが単なる思いつきの域を出ないものか、学問的貢献と認められ得るものかを公正な判定に委ねることである。自分の内部のあやふやなものを矯め直すためにも、私はこの手続きを必要としていたのである。

学位授与式のあとで、ふたたび北浦和のお宅にごあいさつに伺うと、厨川先生は、

「記念にこれを差し上げます」

といって、ウィリアム・モリスのケルムスコット版書誌の復刻版を下さった。それは、生涯私が感謝の念をこめてふり返るにちがいない宝物である。

今年の花

5月19日

今年の花は、なぜか例年より際立って美しいように感じられる。花ばかりではない。柳の芽生えも、樹々の新緑も、眼に沁みるように鮮かである。これは年齢のせいなのか、それとも今年の自然がことさらあでやかな推移を示しているためなのか、私にはよくわからない。

私の住居は、都心の高台にある高層住宅である。そして、私の勤務先の大学は、目黒区の大岡山にある。通常の通勤径路の反対方向を、私は、自分の車を運転して通っている。その車窓に映じる花や緑が、眼に沁みるのである。

大岡山の大学のキャンパスには、二つの桜並木がある。一つは大学本館の前にあり、もう一つは大岡山のキャンパスと緑ヶ丘の飛び地とを結ぶかなり急な坂にある。いつもは新入生がやって来るころまでにあらかた散ってしまう桜が、今年は遅かった春のせいで、ちょうど入学式のころに満開になった。

この桜の花吹雪が、また豪奢で私を酔わせた。たった四人の小世帯であるが、比較文学研究室の面々が、おたがいにシャッターを押しあって撮ったカラー・プリントを見ると、なんだか夢の中のように華やかな風景が映っている。

十何年かたって、私がこのキャンパスから去ったのちにも、きっとこのような花吹雪があるだろう。そして、もっと時間が経過して、この地上から人間というものが消滅したあとでも、きっとこのように豪奢に花が散り、樹々は緑に匂うだろう。

有朋自遠方来……

5月20日

春から初夏にかけては、遠い国からの客人が多い。

はじめて日本を訪れる客、毎年のように戻って来る人、しばらくぶりで突然電話をかけて来たかと思うと、また風のように去って行ってしまう人々。

そのうちで、エドは、毎年のように戻って来る客人の一人である。エド――つまり、エドウィン・マクレラン教授は、エール大学で日本文学を教えているが、アメリカ人ではない。スコットランドの実業家を父とし、日本人を母として神戸で生まれた英国臣民である。

今年は、エドは、いつにもまして満足そうな表情で私の前にあらわれた。彼は、過去四年間それに没頭していた『暗夜行路』の英訳を、とうとう完成したのである。

マクレラン訳の漱石の『こゝろ』と『道草』には、すでに定評がある。ことに『こゝろ』の英訳は、「この小説は西洋人にはわからないらしい」という、以前一部に流れていた謬説を、いつの間にか崩してしまった名訳である。今度の『暗夜行路』も、志賀直哉は西洋人にはわからないといった種類の偏見を、そのうちに無意味なものにしてくれるにちがいない。

西洋人のなかに、漱石や志賀直哉がつまらないという人がいるのは事実である。だが、その一方で、西洋人のなかにも漱石や志賀直哉に打ち込む人があり、それはなにもエド一人に限らない。要するに人さまざまであり、洋の東西を問わず、一斑を見て全豹を卜《ぼく》さないほうがいいのである。

5月21日

……不亦楽乎

リフトン夫妻――ボブとベティは、しばらくぶりで突然あらわれて、風のように去って行くたぐいの客である。

東京に一晩泊まり、すぐ広島に行く予定にしているが、その前に是非逢いたいという連絡があったのは、到着の数日前であった。そのとき私は、ちょっと困ったなと思った。四年ぶりの再会だから、なんとか都合をつけたいけれども、急のこととてあいにく到着するという晩がふさがっており、翌日も午前十時から一日中予定が詰まっているのである。

広島から帰って来たあとで逢う、というわけにはいかないものかな、とも思ったが、実際に電話でボブの声を聴くと、そんなことをいってはいられなくなった。私はいった。

「とにかく明朝、朝飯を一緒にしよう。早い朝飯だけれども、いいかい？」

「いいともさ」

というわけで、私は翌朝、国鉄ストのなかを、車を飛ばして彼らの泊まっているホテルに朝食をともにしに出かけた。

ボブ・リフトンは精神病理学者で、ベテイは童話作家である。この夫婦は米国では進歩派ということになっているらしいが、私は進歩派とか保守派とかいう色分けで、かつてリフトン夫妻とつきあったことがない。その友情と人柄を信頼しているので、十年一日のごとく親しくしているのである。

今後日米関係に、どういう転機が訪れるかは予断を許さない。しかし、「菊花の約」ということもある。なにがどうなっても、彼らがやって来れば、やはり私はとるものもとりあえず逢いに行くにちがいない。

ある授業

5月22日

大学では、週に三回授業をする。

そのうち一回は、昨年パリから帰って来た大久保喬樹氏が助けてくれるが、浮いた時間をエール大学から来ている研究生ポール・アンドラー君の個人指導にまわしているので、やはり週三回という勘定になる。毎年秋になると、このほかに週一回大学院の授業がはいって来る。

昨年の夏までは、私の研究室には、客員研究員としてハーヴァード大学助教授のジエイ・ルービン氏が来ていた。ルービン氏は、国木田独歩と漱石の研究家で、さきごろ『三四郎』の英訳を完成した。アンドラー君は、大学院博士課程の学生で、有島武郎の研究に打ち込んでいる。

アンドラー君の授業は、一対一のテュートリアルでやる。教師である私の能力の問題を別にすれば、これはいうまでもなくほぼ理想的な授業の形態である。

はじめは、しばらくのあいだ英語まじりでやっていたが、アンドラー君の学力の向上がめざましいので、このごろではほとんど日本語だけでやっている。有島の『或る女』の精読がほぼ峠を越して、いまは逍遥と鷗外の「没理想論争」を読んでいるところである。

私たちは、政治の話も文壇の話も、ほとんどすることがない。別に話題にするのを避けているというのではなくて、自然に話題にならないのである。同様に、私は、アンドラー君が米国人で自分が日本人だということを、あまり意識したことがない。そうであることを、私はひそかに爽かなことと感じている。

掃除と紅茶

5月23日

その学生たちは、今年卒業研究にとりかかっている一人を除いて、いまではみな社会に出て、それぞれの志望の道を歩いている。それは、私が、東京工大に勤務するようになって、最初に集まって来た課外ゼミの学生たちである。

彼らの顔ぶれが揃ったとき、私はまず研究室の掃除を命じた。共用部分の廊下のガラス窓も、丹念に磨き上げるようにいった。はじめはちょっと驚いたような顔をしていたが、学生たちはやがて素直に働きはじめた。

まわりがきれいになり出すと、さすがに悪い気持はしないらしく、そのうちに研究室のあたりは見ちがえるようになった。その研究室に、私は自宅から紅茶とクッキーを持って行って、学生といっしょに食べるために常備することにした。

勉強さえしていれば、周囲がどれほど汚くてもよいというのは、成績にとらわれて感受性の大切さを無視した議論である。学生を、漱石のいわゆる「尋常なるかつ教育ある士人」に育てるためには、まず汚いものを汚いと感じる感受性を目覚めさせ、教師と学生とがいっしょにものを食べる関係にあることを知らせなければならない。現に英米の伝統のある大学では、それが学生生活の出発点になっているからである。

現在、私の研究室には、週一回新しい課外ゼミのグループが集まっている。彼らも先輩たちと同様に、まず掃除をし、ガラス窓を拭くところからはじめたのである。そして、彼らもまた、紅茶を飲み、クッキーをかじっている。

5月24日

犬との話

仔犬というものも、様子が可愛らしいが、やはり犬の味が出て来るのは、ある程度歳が行ってからである。

なによりも、仔犬はまだ言葉を覚えていない。しかし、犬もいっしょに暮して五、六年になると、人間の言葉をあらかた理解するようになる。つまり、犬と話ができるようになるのである。

私が、もうすぐ六歳になるコッカー・スパニエルのアニイと、いちばん折り入った話をするのは、朝食のときである。そのとき、アニイは、私の左のひざに両方の前肢をかけて、早くくれとさいそくをする。

グレープフルーツ、トースト、卵というような決りきった朝の食事を、彼女は私といっしょにしなければ満足しない。犬のあしのうらというものも案外あたたかいもので、アニイの両方の前肢のかかっている私のひざは、そのうちにほんのりとぬくまって来る。そのぬくもりを感じながら、彼女の小さな頭と黒く光る鼻先を見下して、トーストをやったり卵をやったりしているうちに、ひざばかりではなく心の奥底まであたたまって来る。

ときには前肢をひざにかけずに、チョキンと坐って私を見上げていることもある。そうして一所懸命に話しかけながら、ときどき激しく足踏みをするようにして、トーストをねだる。

アニイの言葉は、眼や鼻の表情であり、尻尾の振り方であり、身体全体の表現するものである。それにこたえるのに、私は多弁を弄する必要はない。ただ同じものを食べればよいのである。

後記

この『なつかしい本の話』は、新潮社出版部の雑誌「波」に、二年間にわたって連載されたものである。

その期間は、昭和五十年七月号から昭和五十二年六月号に及び、毎月十枚ずつ書くという約束であった。書いているときはそれほどとも思わなかったけれども、今から振り返ってみると、毎月十枚ずつ書くという連載の形式は、いわば肩の張らない自然な姿勢でものを書いていくためには、なかなか好適な形式だったような気がする。気がついてみたら、いつの間にかこの本が出来上っていたからである。

私はここで、本の内容もさることながら、記憶のなかに刻みつけられている何冊かの本が喚起する過去の時間の断面を、描写し定着させることに主力を注いだ。そのためには、とり上げる本はどの版でもよいというわけにはいかなくなって、特定の版の特定の装幀の本でなければならなくなった。

もちろん、そのすべてが私の手許に揃っているわけではないので、図書館から借り出したこともあったし、記憶を喚び起しながら書いたこともあった。そういう手許にない〝なつかしい本〟を、親切な読者がのちに届けてくれたこともあった。が、いずれにしても、私はできるかぎり〝なつかしい本〟に手で触れながら書いた。

そうしていると、視覚からばかりではなく触角からも、過ぎ去った時間が甦って私の内部をひたひたとみたした。そのように湧き出でる過去の時間にひたりながら、私はこの本を書いていった。

しかし、こうして甦える過去の時間は、また私の貴重な現在にほかならなかった。それがいかに些細でとるに足らぬもののように見えようとも、それらの記憶に支えられなければ、現在の私は生きていないというに等しいからである。

連載が終って間もない昨年の夏のはじめの頃、軽井沢のうなぎ屋でぱったり御家族連れの恩師厨川文夫先生にお目にかかった。先生はお元気そうで、奥様の運転で信州の高原のドライヴを愉しんでおられるところだったが、それから半年後の去る一月十六日、御持病の喘息のために急逝された。「日記から」をつけ加えたのは、遠くからいつも私を見詰めていて下さった厨川先生を偲ぶためである。思えばそのようないくつかの視線に支えられて、私はどうやら今まで生きて来たのである。

「波」連載中には、新潮社出版部の柴田光滋、伊藤貴和子、宮辺尚、三氏のお世話になった。本にするに当っては、いつもながら梅沢英樹氏の懇篤な御配慮をわずらわせた。特に記して深く謝意を表したい。また美しい装画を寄せられた司修氏の御好意に対しても、心から感謝申しあげたいと思う。

江藤　淳

昭和戊午陽春四月

解説　挫折した青春——江藤淳と私

先崎彰容

『江藤淳は甦える』（新潮社）のなかで、平山周吉が「江藤淳の生涯を知る上では、最重要の作品かもしれない」と指摘した本書の主題は、「なつかしい本の話」だけではない。本はあくまでも脇役にすぎず、江藤の幼年期から青年期までの人生が、つねに本を必要とした理由が描かれていることが本来の主題なのである。江藤の感受性は、肺病の微熱によって澄み切り、鎌倉稲村ヶ崎の風景や大久保百人町の猥雑さをまなざしている。江藤の傍らを何冊もの本が通り過ぎていくのだが、それらは「江藤淳の生涯を知る」だけでなく、彼が生きた時代と、日本という国家の運命をくっきりと描くことに成功している。

本書を貫く基調は、肺病と戦争である。二つの不安がつねに、背後から江藤少年をじっと凝視している。幼年時代は、たとえば車が来るのにさえ気づかずに、走り回る無邪気さに溢れた時期のはずである。にもかかわらず、江藤少年はあらかじめそれを禁止されている。第一に身体が虚弱であることによって、第二に母を喪失し、社会不適応の感覚に苦しめられることによって。少年は『アーサー王騎士物語』の魔法使いの実在感や聖杯の不思議さに異国情緒以上のものを感じたり、またあるときは「納戸のなかのひんやりとした空気」のなかで、『モンテ・クリスト伯』に登場するダンテスに自分を重ねたりしていた。獄中にいるダンテスと病に閉じ込められ、自由を奪われた境遇を重ねていたのである。異国と納戸に共通するのは、この過酷な現実から身を守る避難場所であるということだ。

さらに、田山花袋の『生』を面白いと感じたのは、逃避したいはずの現実を、この作品が、正確に描いていると直観したからである。江藤はいう、「その頃——第二次大戦が破局を迎える前までの、東京の山ノ手の家々には、おしなべてどこかしんと淋しく、どこか重苦し気な空気が充満していたような気がする」(二九頁)。旧士族の未亡人を描いたこの作品には、出征した家の奥にわだかまる沈鬱な静けさが描かれていた。寝込みがちな少年にとって、その暗さだけが、現実と自分を親しいものにした。つまり、肺病と戦争、孤独と現実、いずれもが死の匂いを押しつけてきた。江藤少年は「死」によって、時代と深く結びつけられていたのである。

だがわずかながら、江藤少年にも無邪気な遊びを許された瞬間があった。それはちょうど、『谷崎潤一郎集』を読み耽っていた時期のことで、二人の女中に迷惑をかけた思い出に重なる。はしゃいで道路に飛びだし、危うく車に轢かれそうになり女中を翻弄したこと、もう一人の女中の手の甲に火箸を押し当て、やけどを負わせたことがあった。江藤少年は女中の肉づきのよい手の甲に、谷崎の美文とおなじ性の匂いを感じて、暴力に及んだのである。

この一見、無邪気にみえる行為の原因には、母の「死」と自暴自棄があった。母の「死」という、幼少期に受け止めるのが難しい事態に直面すると、子供は、理不尽の理由を自分自身のせいだと思い込む。江藤少年は自分自身を激しく責め立てて自暴自棄になった。自分にも女中にも暴力的にふるまうことになってしまったのである。最終的に少年が得たものは「自責の念」だけだった。

だからおなじころ、落合直文の『孝女白菊の歌』を読んだときも、単なる性の目覚めを教えてくれたとすませるわけにはいかなかった。誰もが通過する性的興味以外のなにかが、主人公・白菊への同情となって興味を掻き立てたのである。

このときは井上哲次郎の漢詩『孝女白菊詩』を翻案した『孝女白菊の歌』に基づき、絵本にしたものを読んだに過ぎなかったが、その「なにか」が江藤にあたえた影響は大きかった。実際、この思い出は江藤晩年の作品『南洲残影』において、維新の功労者・西郷隆盛が西南戦争で敗走する場面を描くなかで、次のように甦ってくることになる。

まことに、落合直文は、そして『孝女白菊の歌』を愛誦した明治二、三十年代の日本人は、西郷とともに何ものか大きなものが亡びたことを知っていた。それはもう二度と取り戻すことができないものであり、その滅亡は以後は、幸福は山中の他界にしか存在し得なくなっていた。幸福と充足を奪われて俗世に生きる人々は、優勝劣敗の競争裡に生きつづけるほかないのである。（『南洲残影』）

ここで不幸な存在として描かれている明治二・三十年代の日本人が、江藤少年本人であることは間違いない。西郷と明治人が立てこもることを強いられた「山中の他界」は、江藤少年の「納戸」とおなじである。少年が社会不適応を感じる現実は、西郷にとって「優勝劣敗の競争裡」すなわち文明開化後の日本にほかならない。

そしてここで江藤は、西郷が大きな「何ものか」を失ったことを指摘している。それは江藤少年が『孝女白菊の歌』に感じた「なにか」とおなじである。西郷の場合、それは文明開化以前のわが国の姿であり、日本人の生のリズム、息遣いのようなものである。伝統と呼び変えても差し支えない。江藤の場合、それは母であり、本来回帰し、安堵すべき言語化以前の場所である。だが西郷と江藤には決定的なちがいもある。西郷には失うにたる伝統があったが、江藤の母は最初から奪われているのであって、喪失すら禁じられていたのだ。喪失の悲しみをうたうことすらできない江藤は、ロマン的抒情を嫌悪した。そしてできうる限り、大人を、社会を、醒めた眼でみつめることを強いられた。つまり後年、「近代日本」を鋭利に切り取ることに成功した江藤は、幼き日に肺病と戦争におびえ、「死」の不安に駆り立てられることによって生まれたのだ。批評家が、時代を言語化し、人々に示す営みであるとすれば、江藤少年はすでに批評家になっているのである。

＊

昭和二九（一九五四）年、二十二歳の江藤は、慶應大学で英文科に進学した直後の六月、突如、喀血する。朝、顔を洗っていると胸元に生温かいものが込み上げてくるのを感じ、洗面器を見ると血の色に染まっていた。すでに何度か経験しているからであろう、江藤は冷静に、喀血の際にはすべての血を吐きだしてしまわねばならないと判断し、生臭いものを吐きつづけた。一瞬、視界がぼやけたがショック性の貧血であると思いなおし、つとめて冷静に父に事実を告げた。

以後、病臥し安静を義務づけられるなかで感じたのは、自分が人間関係から剝落していく感覚である。それは言いかえれば、自分が「天井のしみ」のような「もの」になってしまうという感覚である（一七六頁傍点江藤）。この部分を読んだとき、僕が想起したのは、江藤の専門である漱石の作品、なかでも『門』に描かれた次のような描写である。崖の下の宗助夫婦の家は、深い霧に閉ざされ、連日の雨で天井の色が変わって時々雫《しずく》が落ちてくる。ある日、狭心症に倒れた妻・お米をおいて出勤した宗助は、仕事が手につかず、午前中で勤務を切りあげて帰宅する。そして部屋に戻ってきてみると、お米は依然として昏睡していた。コップの水が半分残っているのも、襟元の崩れもおなじであった。「呼息《いき》よりほかに現実世界と交通のないように思われる深い眠りも朝見たとおりであった。すべてが今朝出がけに頭の中へ収めていった光景と少しも変っていなかった。」

『門』の連載がはじまったのは明治四三（一九一〇）年、修善寺大患の年である。『南洲残影』に「優勝劣敗の競争裡」として描かれた時代を生きたのが、官吏である宗助にほかならない。その「現実世界」は、わずか半日で激変する社会であり、何一つ変化しないお米は、「交通」から脱落しかけている。「近代日本」とお米をつなげているのが、わずかな「呼息」しかない以上、「交通」からの離脱がそのまま「死」に直結することはいうまでもなかろう。

江藤青年の場合、現実世界と自分をつなぎとめてくれていたはずの文学と音楽にすら、この時期、関心が薄れてしまう。向こうに遠のいていく感覚に苦しめられる。チェーホフ『退屈な話』を読んだ直後から、何も手に取らなくなった江藤は、お米のように昏睡状態に陥ってしまう。喀血したこの年の夏、江藤は自殺未遂をはかったのである。そのことが暗示されているのが、本書の次の部分である。

のちに私は、『老子』という古い書物を読んだ。その第二十五章には、このような文句があった。

《物有り混成し、天地に先だつて生ず。寂たり寥たり、独立して改まらず、周行して殆らず、以て天下の母と為すべし。吾、其の名を知らず。之に字して道と曰ひ、強ひて之が名を為して大と曰ふ。大なれば曰ち逝き、逝けば曰ち遠ざかり、遠ざかれば曰ち反る。……》

この箇所を読んだとき、私は、老子もあれを知っていたのかと思い、あれは空無ではなくて、姿も声もないなにものかに充たされていたのか、とも思った。

（一八五頁）

老子本文に沿うならば、天地に先立つ混沌世界は「天下の母」であり万物の根源であり、始まりの場所である。だが意外なことに、老子は、その場所を寂寥に浸された世界だといい、名づけようもないと言っている。恐らく江藤はこうしたほの暗い場所のイメージに、「逝」の字を重ね、「死」を想起しているが、漢文で「逝」は過ぎる・移ろうといった意味で使われることが多く、ここでも世界の流動性を表現するために使われているとみるのが正しい。

江藤は恐らく「逝」の字を誤読し、逝去と考えている。

だが、もし誤読だとしても、江藤を襲った感覚はつかむことができる。江藤にとって「天下の母」は豊饒さを意味せず、「死」の象徴だったからだ。だから「天下の母」の世界に還ることは、そのまま関係や交通から脱落し、「もの」になることである。この感覚を老子はわかっているのではないか。

つまり「あれ」とは、自裁を指しているのではないか。

この時、江藤青年を襲っていたのは、恐らく次のような感覚である。母と死、そして自裁は決して空無ではなく、どこか甘美で充たされた世界にちがいない。そして大学生の自殺未遂とは、まぎれもなく「挫折した青春」であり、挫折を叙情する甘美な誘惑に引き寄せられていたのである。

だが先に西郷を引用した箇所で指摘したように、江藤はこの誘惑に屈しなかった。青春を叙情することを自らに禁じ、醒めた眼で世界を批評することから出発したからである。以後、江藤は自殺を弱さであると断じ、旺盛に生きることをみずからに課した。そして「挫折した青春」をうたう文学グループ、具体的には、戦時中に多くの若者を魅了した日本浪曼派を批判することで、批評を書いていった。

だから本書の白眉は、伊東静雄の詩集『反響』に「美」の匂いを貪る部分にあると思われる。

《行つて　お前のその憂愁の深さのほどに
　明るくかし処を彩れ》

という伊東の詩は、自殺未遂を乗り越え、「死」を飼いならし、勁く生きることを、江藤に強く命じたのである。

こうした江藤に一貫する「死」へのモチーフが、『老子』や西郷隆盛、伊東静雄やチェーホフの作品に対する鋭い反応を生む源泉だった。しかし僕はここでもう一つの江藤の可能性について書いておこうと思う。

それは本書があの『徒然草』の無常観の系譜につながり、日本文学の伝統を江藤が無意識にうちに引き継いでいた可能性についてである。僕がここで思い出しているのは、たとえば第百五十五段の有名な、次の一節のことである――「生・老・病・死の移り来る事、また、これに過ぎたり。四季は、猶、定まれる序で有り。死期は、序を待たず。死は、前よりしも来らず、予て、後ろに迫れり」。この簡素で枯れた文体は、日本人の「死」に対するイメージを十分に表現している。「死」は無常であれ、「天下の母」であれ、つねにわが国随筆の一大主題でありつづけてきた。そして江藤淳が『犬と私』や『妻と私』などの名エッセイストだったことは周知の事実である。だとしたら、本書『なつかしい本の話』は、江藤の個人的体験の記録を越えて、日本古典に繫がっているのかもしれない。だからどこまでも「なつかしい」のかも、しれない。

（せんざき・あきなか　日本思想史）

本書は一九七八年に新潮社より単行本として刊行されました。
一部あきらかな誤植については訂正しました。

教科書で読む名作
羅生門・蜜柑 ほか
芥川龍之介

表題作のほか、鼻/地獄変/藪の中など収録。高校国語教科書に準じた傍注や図版付き。併せて読みたい名評論や「羅生門」の元となった説話も収めた。

現代語訳 舞姫
森鷗外
井上靖 訳

古典となりつつある鷗外の名作を井上靖の現代語訳で読む。無理なく作品を味わうための語注・資料を付す。原文も掲載。監修=山崎一穎

こころ
夏目漱石

友を死に追いやった「罪の意識」によって、ついには人間不信にいたる悲惨な心の暗部を描いた傑作。詳しく利用しやすい語注付。（小森陽一）

続 明暗
水村美苗

もし、あの『明暗』が書き継がれていたとしたら……。漱石の文体そのままに、気鋭の作家が挑んだ話題作。第41回芸術選奨文部大臣新人賞受賞。

今昔物語（日本の古典）
福永武彦 訳

平安末期に成り、庶民の喜びと悲しみを今に伝える今昔物語。訳者自身が選んだ155篇の物語は名訳を得て、より身近に蘇る。（池上洵一）

恋する伊勢物語
俵万智

恋愛のパターンは今も昔も変わらない。恋がいっぱいの歌物語の世界に案内する、ロマンチックでユーモラスな古典エッセイ。（武藤康史）

百人一首（日本の古典）
鈴木日出男

王朝和歌の精髄、百人一首を第一人者が易しく解説。現代語訳、鑑賞、作者紹介、語句・技法を見開きにコンパクトにまとめた最良の入門書。

樋口一葉 小説集
樋口一葉
菅聡子 編

一葉と歩く明治。作品を味わうと共に詳細な脚注・参考図版によって一葉の生きた明治を知ることのできる画期的な文庫版小説集。

尾崎翠集成（上・下）
尾崎翠
中野翠 編

鮮烈な作品を残し、若き日に音信を絶った謎の作家・尾崎翠。時間と共に新たな輝きを加えてゆくその文学世界を集成する。

川三部作
泥の河/螢川/道頓堀川
宮本輝

太宰賞「泥の河」、芥川賞「螢川」、そして「道頓堀川」と、川を背景に独自の抒情をこめて創出した、宮本文学の原点をなす三部作。

戦闘美少女の精神分析　斎藤環

ナウシカ、セーラームーン、綾波レイ……「戦う美少女」たちは、日本文化の何を象徴するのか。「おたく」「萌え」の心理的特性に迫る。（東浩紀）

紅一点論　斎藤美奈子

「男の中に女が一人」は、テレビやアニメで非常に見慣れた光景である。その「紅一点」の座を射止めたヒロイン像とは!?（姫野カオルコ）

男流文学論　上野千鶴子／小倉千加子／富岡多恵子

「痛快！　よくぞやってくれた」「こんなもの文学批評じゃない！」　吉行・三島など〝男流〟作家を一刀両断にして話題沸騰の書。（斎藤美奈子）

東大で上野千鶴子にケンカを学ぶ　遙洋子

そのケンカ道の見事さに目を見張り「私も学問がしたい！」という熱い思いを読者に湧き上がらせた、涙と笑いのベストセラー。（斎藤美奈子）

夏目漱石を読む　吉本隆明

主題を追求する「暗い」漱石と愛される「国民作家」をつなぐ資質の問題とは？　平明で卓抜な漱石講義十二講。第２回小林秀雄賞受賞。（関川夏央）

増補　サブカルチャー神話解体　宮台真司／石原英樹／大塚明子

少女カルチャーや音楽、マンガ、ＡＶなど各種メディアの歴史を辿り、若者の変化を浮き彫りにした前人未到のサブカル分析。（上野千鶴子）

これで古典がよくわかる　橋本治

古典文学に親しめず、興味を持てない人たちは少なくない。どうすれば古典が「わかる」ようになるかを具体例を挙げ、教授する最良の入門書。

日本語で読むということ　水村美苗

なぜ『日本語が亡びるとき』は書かれることになったのか？　そんな関心と興味にもおのずから応える、折にふれて書き綴られたエッセイ＆批評文集。

日本語で書くということ　水村美苗

一九八〇年代から二〇〇〇年代に書かれた漱石や谷崎に関する文学評論、インドや韓国への旅行記など、〈書く〉という視点でまとめた評論＆エッセイ集。

思索紀行（上・下）　立花隆

本ではない。まず旅だ！　ジャーナリストならではの鋭敏な感覚で、世界の姿を読者にはっきりとさしだした思想旅行記の名著。

文化防衛論 三島由紀夫

「最後に護るべき日本」とは何か。戦後文化が爛熟した一九六九年に刊行され、各界の論議を呼んだ三島由紀夫の論理と行動の書。（福田和也）

三島由紀夫と楯の会事件 保阪正康

社会に衝撃を与えた1970年の三島由紀夫割腹事件はなぜ起きたのか？　憲法、天皇、自衛隊を論じたあの時代と楯の会の軌跡を追う。（鈴木邦男）

ロシア文学の食卓 沼野恭子

前菜、スープ、メイン料理からデザートや飲み物まで。「食」という観点からロシア文学の魅力に迫る読書案内。カラー料理写真満載。（平松洋子）

どうにもとまらない歌謡曲 舌津智之

大衆の価値観が激動した1970年代。誰もが歌えた「あの曲」が描く「女」と「男」の世界の揺らぎ——衝撃の名著、待望の文庫化！（斎藤美奈子）

中華料理の文化史 張競

フカヒレ、北京ダック等の歴史は意外に浅い。ではそれ以前の中華料理とは？　孔子の食卓から現代まで、風土、異文化交流から描きだす。（佐々木幹郎）

期待と回想 鶴見俊輔

「わたしは不良少年だった」15歳で渡米、戦時下の帰国、戦後50年に及ぶ『思想の科学』の編集……自らの人生と思想を語りつくす。（黒川創）

圏外編集者 都築響一

既存の仕組みにとらわれることなく面白いものを追い求め、数多の名著を生み出す著者による半生とともに「編集」の本質を語る一冊が待望の文庫化。

春画のからくり 田中優子

春画では、女性の裸だけが描かれることはなく、男女の絡みが描かれる。男女が共に楽しんだであろう性表現に凝らされた趣向とは。図版多数。

増補　エロマンガ・スタディーズ 永山薫

制御不能の創造力と欲望で数多の名作・怪作を生んできた日本エロマンガ。多様化の歴史と主要ジャンルを網羅した唯一無二の漫画入門。（東浩紀）

官能小説用語表現辞典 永田守弘編

官能小説の魅力は豊かな表現力にある。本書は創意工夫の限りを尽くしたその表現をピックアップした、日本初かつ唯一の辞典である。（重松清）

三島由紀夫レター教室　三島由紀夫

五人の登場人物が巻き起こす様々な出来事を手紙で綴る。恋の告白・借金の申し込み・見舞状等、一風変ったユニークな文例集。（群ようこ）

コーヒーと恋愛　獅子文六

恋愛は甘くてほろ苦い。とある男女が巻き起こす恋模様をコミカルに描く昭和の傑作が、現代の「東京」によみがえる。（曽我部恵一）

七時間半　獅子文六

東京—大阪間が七時間半かかっていた昭和30年代、特急「ちどり」を舞台に乗務員とお客たちのドタバタ劇を描く隠れた名作が遂に甦る。（千野帽子）

青空娘　源氏鶏太

主人公の少女、有子が不遇な境遇から幾多の困難にぶつかりながらも健気にそれを乗り越え希望を手にする日本版シンデレラ・ストーリー。（山内マリコ）

御身　源氏鶏太

矢沢章子は突然の借金返済のため自らの体を売ることを決意する。しかし愛人契約の相手・長谷川との出会いが彼女の人生を動かしてゆく。（寺尾紗穂）

カレーライスの唄　阿川弘之

会社が倒産した！　どうしよう。美味しいカレーライスの店を始めよう。若い男女の恋と失業と起業の奮闘記。昭和娯楽小説の傑作。（平松洋子）

愛についてのデッサン　野呂邦暢　岡崎武志編

夭折の芥川賞作家が古書店を舞台に人間模様を描く「古本青春小説」。古書店の経営や流通など編者ならではの視点による解題を加え初文庫化。

おれたちと大砲　井上ひさし

家代々の尿筒掛、草履取、駕籠持、髪結、馬方、いまだ修業中の彼らは幕末の将軍様を救うべく、奮闘努力、東奔西走。爆笑、必笑の幕末青春グラフティ。

真鍋博のプラネタリウム　真鍋博　星新一

名コンビ真鍋博と星新一。二人の最初の作品『おーい　でてこーい』他、星作品に描かれた插絵と小説冒頭をまとめた幻の作品集。（真鍋真）

方丈記私記　堀田善衞

中世の酷薄な世相を覚めた眼で見続けた鴨長明。その人間像を自己の戦争体験に照らして語りつつ現代日本文化の深層をつく。巻末対談＝五木寛之

ちくま文庫

なつかしい本《ほん》の話《はなし》

二〇二四年三月十日　第一刷発行

著者　江藤淳（えとう・じゅん）
発行者　喜入冬子
発行所　株式会社　筑摩書房
東京都台東区蔵前二―五―三　〒一一一―八七五五
電話番号　〇三―五六八七―二六〇一（代表）
装幀者　安野光雅
印刷所　星野精版印刷株式会社
製本所　株式会社積信堂

ISBN978-4-480-43945-1 C0195